遵义医科大学优秀学术著作出版资助项目

大学生创新能力培养与开发研究

陈金玲 著

·北京·

图书在版编目（CIP）数据

大学生创新能力培养与开发研究 / 陈金玲著． -- 北京：群言出版社，2024.1
ISBN 978-7-5193-0914-5

Ⅰ．①大… Ⅱ．①陈… Ⅲ．①大学生－创造能力－能力培养－研究 Ⅳ．① G640

中国国家版本馆 CIP 数据核字（2024）第 031946 号

责任编辑：孙平平
封面设计：知更壹点

出版发行：群言出版社
地　　址：北京市东城区东厂胡同北巷1号（100006）
网　　址：www.qypublish.com（官网书城）
电子信箱：qunyancbs@126.com
联系电话：010-65267783　65263836
法律顾问：北京法政安邦律师事务所
经　　销：全国新华书店
印　　刷：三河市腾飞印务有限公司
版　　次：2024年1月第1版
印　　次：2024年1月第1次印刷
开　　本：710mm×1000mm　1/16
印　　张：12.25
字　　数：245千字
书　　号：ISBN 978-7-5193-0914-5
定　　价：60.00元

【版权所有，侵权必究】

如有印装质量问题，请与本社发行部联系调换，电话：010-65263836

作者简介

陈金玲，女，汉族，遵义医科大学教师，政治学博士，圣彼得堡国立大学高级访问学者，通晓英语、俄语、中文。公开发表外文及中文论文近60余篇，被SCI、EI等外文核心期刊收录20篇。荣获奖励10余次。研究领域：政治学、教育学、社会学等。

前　言

创新能力是指在技术和各种实践活动领域中能够不断提供新思路、新见解、新方法的能力，它对国家、社会和个人发展具有积极作用。创新能力的主体范围广泛，其中最具活力的是大学生。

新时代的大学生是社会主义建设和创新型国家建设的重要力量，应该充分发挥大学生的创新能力，为国家和社会的发展贡献自己的力量。新时代的大学生应该具备敢于挑战权威、勇于尝试新事物、善于发现问题和解决问题的能力，同时也应该注重团队合作，积极与他人交流和分享，不断学习和提高自己的能力。只有这样，新时代的大学生才能更好地发挥自己的创新能力，为社会的发展贡献自己的力量。高校是知识传播、创新、应用的主要基地，也是培育创新意识、创新精神和创新人才的重要摇篮。加强大学生创新能力的培养与开发既是高校肩负的历史使命和时代重任，也是目前深化高等教育改革的目标指向和广大高校教育工作者所必须面对的重大课题。

本书共七章。第一章为绪论，主要阐述了创新与创新能力、创新能力的特征、大学生创新能力培养与开发的意义等内容；第二章为大学生创新能力培养现状，主要阐述了大学生创新能力培养取得的成效、大学生创新能力培养存在的问题、大学生创新能力培养的影响因素等内容；第三章为大学生创新能力的形成机理，主要阐述了脑科学理论、思维科学理论、创新心理学理论、马克思主义科学实践观等内容；第四章为大学生创新能力的要素，主要阐述了大学生创新思维、大学生创新技法、大学生创新意识等内容；第五章为大学生创新能力的培养，主要阐述了大学生创新思维的培养、大学生创新技法的培养、大学生创新意识的培养等内容；第六章为大学生创新能力开发的内容，主要阐述了大学生自我创新能力、大学生预测决策能力、大学生处理信息能力、大学生控制协调能力、大学生应变能力与思维能力等内容；第七章为大学生创新能力开发的策略，主要阐述了营造良好的创新环境、促进大学生自我创新、加强大学生创新能力开发等内容。

作者在撰写本书的过程中，借鉴了许多前人的研究成果，在此表示衷心的感谢，期待本书在读者的学习生活以及工作实践中结出丰硕的果实。

探索知识的道路是永无止境的，本书还存在着许多不足之处，恳请广大读者斧正，以便改进和提高。

陈金玲
2023 年 6 月

目 录

第一章 绪论 ··· 1
- 第一节 创新与创新能力 ·· 1
- 第二节 创新能力的特征 ·· 8
- 第三节 大学生创新能力培养与开发的意义 ····································· 13

第二章 大学生创新能力培养现状 ··· 21
- 第一节 大学生创新能力培养取得的成效 ·· 21
- 第二节 大学生创新能力培养存在的问题 ·· 23
- 第三节 大学生创新能力培养的影响因素 ·· 28

第三章 大学生创新能力的形成机理 ·· 37
- 第一节 脑科学理论 ·· 37
- 第二节 思维科学理论 ·· 42
- 第三节 创新心理学理论 ·· 45
- 第四节 马克思主义科学实践观 ·· 47

第四章 大学生创新能力的要素 ·· 58
- 第一节 大学生创新思维 ·· 58
- 第二节 大学生创新技法 ·· 81
- 第三节 大学生创新意识 ·· 90

第五章 大学生创新能力的培养 ·· 97
- 第一节 大学生创新思维的培养 ·· 97
- 第二节 大学生创新技法的培养 ·· 107
- 第三节 大学生创新意识的培养 ·· 109

第六章　大学生创新能力开发的内容 ······ 124
第一节　大学生自我创新能力 ······ 124
第二节　大学生预测决策能力 ······ 125
第三节　大学生处理信息能力 ······ 130
第四节　大学生控制协调能力 ······ 134
第五节　大学生应变能力与思维能力 ······ 136

第七章　大学生创新能力开发的策略 ······ 139
第一节　营造良好的创新环境 ······ 139
第二节　促进大学生自我创新 ······ 159
第三节　加强大学生创新能力开发 ······ 165

参考文献 ······ 186

第一章 绪论

随着高等教育事业的蓬勃发展及快速转型,无论国家层面还是社会层面都对当代大学生的创新能力提出了更高的要求和标准。创新能力是新时代大学生必备的一种发展能力,是今后自我可持续发展的内在驱动力。本章围绕创新与创新能力、创新能力的特征、大学生创新能力培养与开发的意义等内容展开研究。

第一节 创新与创新能力

一、创新

(一)创新的概念

"创新"一词首创于西方国家,它最先由政治经济学家约瑟夫·熊彼特(Joseph Schumpeter)于1912年在《经济发展理论》中提出。熊彼特认为所谓创新就是对生产要素的重新组合,即把新的生产要素引入生产体系,从而形成新组合,同时还指出,"创新"主要包括产品创新、技术创新、市场创新、资源配置创新、组织创新五种情况,涵盖面非常广[1]。20世纪60年代,美国经济史学家华尔特·惠特曼·罗斯托(Walt Whitman Rostow)认为技术创新在创新中占据主导地位,因此把"创新"发展为"技术创新"。[2]1962年,美国学者伊诺思(Enos)在《石油加工业中的发明与创新》中明确指出了技术创新是发明选择、资本投入等行为综合作用的结果。[3]1969年,迈尔斯(Myers)和马奎斯(Marquis)在《成功的工业创新》报告中指出,创新为技术变革的集合,后来他们在《1976年:科学指示器》中指出,技术创新指把改进的或者新的产品、过程、服务引入市场

---

[1] 熊彼特.经济发展理论[M].郭武军,吕阳,译.北京:华夏出版社,2015.
[2] 范家骧,高天虹.罗斯托经济成长理论(上)[J].经济纵横,1988(9):57-62.
[3] 范家骧,高天虹.罗斯托经济成长理论(上)[J].经济纵横,1988(9):57-62.

之中[①]。20 世纪 80 年代,弗里曼(Freeman)等学者认为创新是各个要素之间相互作用相互影响的系统过程。中国著名经济与管理学家傅家骥认为,技术创新是指企业家为了获取更多的利益,利用各种生产要素产出新产品、新方法、开拓新市场,获得供给来源或者建立新的企业组织的综合过程。[②] 中国人民大学商学院管理学博士彭玉冰等认为企业技术创新是指企业家充分整合各生产要素、条件、组织,从而创立更加有效的生产体系以获得更高的利润的过程。创新的主体是人。这里的"人"主要包括两层含义:一是指某个自然人;二是指某个团体或者组织。[③]

之后,随着经济的不断发展,以及对创新研究的不断深入,对创新的理解也出现了其他观点。

第一种观点认为,创新是开发新事物的过程。这一过程包括从发现潜在的新事物,以及之后开发、新事物可行性检验到最后的推出并广泛运用这一全过程。

第二种观点认为,创新是运用知识的过程。这里并非指简单地讲新知识随手拈来,而是包括知识的运用、信息的创造,以及引用新知识这一过程。

第三种观点认为,创新是接受新环境的过程。这一过程是指组织内外部环境突然发生改变,在这一情况下对这一新环境的接受过程。

第四种观点认为,创新是事物本身。具体地说也就是被相关部门得以认定的新思想、新实践、新的创造物。与前三种观点相比,这一观点更加强调成果,而非过程。

(二)创新的特征

关于创新,一般认为有以下几个主要特征:不确定性、价值性、系统性和收益的非独占性。

创新的不确定性主要包括两个方面:创新过程的不确定和创新结果的不确定性。创新过程需要大量的研究开发,而研究开发本身就是充满风险的,存在着不确定性,因此失败的可能性相对较大。

创新结果的不确定性是指市场和收益的不确定性,创新本身就是一个周期很长的过程,而市场的需求会不断变化,这就有可能出现创新成功之后市场对新产品的需求已经变小甚至消失,或者在研发初期,市场需求很小,但是创新成功后市场需求陡然提升。当然,创新收益随着市场需求的变化而相应变化。

---

① 熊远光.基于创新视角的中小企业竞争力研究[J].生产力研究,2009(18):125-127.
② 傅家骥.技术创新学[M].北京:清华大学出版社,1998.
③ 彭玉冰,白国红.谈企业技术创新与政府行为[J].经济问题,1999(7):35-36.

创新的价值性是指创新的产品和服务要面向市场需求且具有正向的价值，没有市场价值的技术突破不属于创新。例如，"邮包炸弹"梅丽莎病毒的发明，致使大量电脑瘫痪，造成极大的损失，这不是创新的初衷，而是价值大破坏。

创新的系统性是指创新活动不是由单一的创新主体自行完成的，创新的完成需要特定的环境和条件，在环境条件以及各个部门（甚至是政府）的通力合作下，充分发挥主体部门的作用，最终完成创新。

创新收益的非独占性是指创新成功后，创造者并不能获取全部创新的收益。因为对创新成果的模仿和复制比创造本身更容易，这就会使创新的收益被模仿者蚕食。保护创新者的合法权益会在一定程度上促使创新发展，知识产权法的出台和实施就有力地保护了创新。

（三）创新的分类

从创新的内容来看，我们可将创新进一步分为理论创新、技术创新、市场创新、制度创新、文化创新、管理创新等几种类型。理论创新以实践活动为基础，是指对原有理论进行改进和升华，以及对未知领域的探索和突破；技术创新是指在生产过程中对工具、方法等方面进行革新，具体来说就是引入新产品、新工艺，从而使企业获得更高的生产效率和竞争优势；由于市场是企业的出发点和归宿，因此市场对于企业作用的重要性不言而喻，市场创新即改进市场的构成和机制以及对市场的开拓和占领，从而提高企业市场竞争力的过程；制度创新是规范人们行为的规则，直接的目的是激发人们的积极性和创造性；文化创新（企业文化创新）是指企业在发展过程中所形成的独特的、利于企业创新的文化；管理创新是指通过组织、协调等管理手段使各种资源要素得到优化配置，从而实现目标的管理活动。

从创新结果来看，我们可将创新进一步分为根本型创新和渐进型创新。根本型创新往往会创造出一个全新的产业。渐进型创新是指若干小的创新单元的渐进式积累。也可以认为渐进型创新是创新的量的积累过程，积累到一定程度就会达到质变——根本型创新。所以，渐进型创新具有渐进性和模仿性的特征。

从创新动力来看，我们可将创新进一步分为市场推动力创新和技术推动力创新。市场推动力创新是指在充分了解市场和顾客需求的基础上进行产品的改进和革新，如移动电话由体积较大的"大哥大"转变为体型较小的手机，市场推动力创新一般属于渐进型创新。技术推动力创新大多为根本型创新，它会改变人类的常规认识，推动人类改造世界的能力，往往会形成一个巨大的全新产业，如飞机的发明和使用。

二、创新能力

（一）创新能力的界定

不同的学者对创新能力做出了不同的界定和阐述。创新能力与一般能力不同，既拥有一般能力的共同点，又具有特殊性。创新能力概念提出后，最初是从人格特征角度进行研究的，美国心理学者麦金农（MacKinnon）在对具有高创造力个体进行研究时，通过总结高创造力个体所具有的特征，强调具有较高创造力的人更加勤奋、对事物充满热情、具有独立性，创新能力是新颖且有价值的。[①]有的学者认为创新能力是个体创造性地生产产品的能力，这些产品可以是新颖的有社会价值的成果，也可以是就个人意义而言独特、有价值的作品。美国心理学家萨乐诺夫·梅德尼克（Sarnof Mednick）以过程视角解释创新能力，他认为创新是人们将头脑中存在的想法以不寻常且独创的方式联系起来从而形成新想法的过程。创新能力是综合性能力，是多种因素相互作用的结果。浙江工业大学外国语学院教授沈瑛认为创新能力包括创新意识、创造性思维以及探索性精神，是善于发现问题并且能综合运用知识解决问题的综合性能力。[②]

综上所述，创新能力是指基于一定的目的或者条件，个体富有创新精神，善于思考和发现问题，在已有知识结构、思维方式、技能手段等基础上推陈出新，产生独特的新想法、新见解，从而提出新方案或制作出新作品的综合能力，产生的这些新思想或新作品具备社会价值或个人价值。创新能力是学习者进行创新活动必须具备的能力要求，是知识、思维、技能和人格等要素综合作用形成的。

（二）创新能力的内涵

创新能力是指质疑、评判和调查的能力，是指运用知识及理论，在科学、技术、管理和各种实践领域中，持续提供具有经济价值、社会价值和生态价值的新思想、新理论、新方法和新变革的能力。由此可知，在新知识经济时代创新能力已成为一种能力的整合体。创新能力的内涵包括获取知识的能力、观察事物的能力、处理信息的能力、坚韧不拔的毅力与精诚合作的精神等。这些能力和素质是相互依存、无法分割的。

---

① 斯滕伯格.创造力手册［M］.施建农，曲小军，刘正奎，等译.北京：北京理工大学出版社，2005.
② 沈瑛.多元智能理论指导下的研究生创新能力培养［J］.教育与职业，2012（18）：167-168.

1. 创新能力的基础——获取知识的能力

科技高度发达的 21 世纪，获取知识的途径多种多样，人类应具备从多种知识载体中获取新的信息和知识的能力，进而促进人类社会不断发展。总的来说有两种获取知识的途径，即直接途径和间接途径。直接途径是从阅读图书或亲身实践中获取知识，间接途径是从人与人的交流或承载信息知识的媒体中获取知识。网络信息时代的到来，加速了知识和技术的更新，为此，人类的学习不能间断，终身学习便是这个时代的新特征。

2. 创新能力的源泉——观察事物的能力

人们常说："处处留心皆学问。"观察事物的能力就是人们在对周围事物进行有目的、有计划而且比较持久的知觉过程中，能全面、深入、准确及迅速地把握事物特征并提炼出自己感兴趣的素材的能力。这就要求我们要仔细地观察本学科以及相关学科的发展，同时要留意社会和经济等制约因素的发展状况。培养人类的观察力就要开拓观察事物的视觉，端正审视发展变化的态度，提高自身观察事物的能力，这样就能够找到新的问题，进而促进创新的产生。

3. 创新能力的关键——处理信息的能力

处理信息的能力是指人类从获取的知识和信息中提炼出有益于自身发展和本专业学科建设的信息，提取有助于解决课题中的难题和促进任务完成的信息。信息的处理过程，本质上是一个信息整合和凝练的过程。在这个过程中，人们要尊重事实，去伪存真，取其精华去其糟粕，注重捕获和运用关键信息，寻求处理问题的方法，这便是培养创新能力的关键。

4. 创新能力的动力——坚韧不拔的毅力

坚韧不拔的意志品质，是推动人类社会不断进步的不竭动力。从古至今，生活中和事业上取得成功的人无一例外都具有顽强的毅力和开拓进取的精神。坚韧不拔的毅力便是成功的保证、面对挫折的法宝和诞生奇迹的暖床。创新的本质是突破，即突破旧的思维定式和旧的常规戒律，是翻天覆地的变化。创新就要有信心、有决心、有毅力。为此，如要赢得事业上的创新，就要不断培养坚韧不拔的精神。

5. 创新能力的核心——精诚合作的精神

现代各领域的创新越来越倾向合作，个人冒险和探索精神不可缺少，但个人的创新始终有限，而集体的创新必然是无限的。当今时代科学技术高速发展，一项重大课题大多涉及众多领域，因此必须依靠团队合作来完成。团队各成员通过开展研究和讨论，经过竞争与合作来积累经验、积聚力量、启发创造性思维和激发热情，从而形成和谐融洽的氛围，实现团队与成员共赢。

（三）大学生创新能力培养的要求

中国的发展进入新时代，正处在一个前所未有的历史方位中。新的历史方位对大学生创新能力培养体系提出了更大的挑战。高校作为培养创新人才的主阵地，承担着人才输送、服务科研等职能。

为了紧随国家发展的脚步，为国家和社会提供"智库"保障，新时代要求大学生创新能力培养要立足于中国特色和中国需要，要更加具备面对复杂环境的战略定力，要更加深入关键领域、掌握关键技术，要加强与世界的联系，深度融入全球创新发展网络。

1. 创新能力培养应立足中国特色

进入新时代，中国共产党进一步明确了国家发展的定位和规划，更加深入地探究了创新人才培养模式。探索中国特色社会主义大学建设之路和培养扎根中国大地、彰显中国特色的创新人才成为新时代对大学生创新能力培养的要求之一。2021年，习近平总书记在中国科学院第二十次院士大会等会议上指出"要更加重视人才自主培养，更加重视科学精神、创新能力、批判性思维的培养培育"。

因此，新时代要求大学生创新能力培养要更加立足中国特色，走自主创新的道路。立足中国特色，要求高校创新能力培养要服务国家创新发展、培养国家需要的人才，进一步强化高校在国家创新体系中的地位和作用。高校对于大学生创新能力的培养要立足中国特色，要面向国家重大需求、面向世界科技前沿。而对于大学生创新能力的培养要做到了解国情、立足中国学生的发展情况，要真正立足于中国发展现状和中国特色，瞄准科技前沿，培养一流创新人才。

2. 创新能力培养应保持战略定力

随着信息时代互联网的发展，大学生面临的信息更加纷繁复杂，考验更加严峻。因此，新时代面临新考验，大学生要更加具有战略定力和分辨力，高校要进一步加强大学生对国家信息安全的认识和教育。大学生创新能力培养要保持战略定力，首先要坚持正确方向。高校要坚持社会主义办学方向，坚持中国特色社会主义教育发展道路，为社会主义现代化建设服务。从大学生层面上来讲，大学生要加强马克思主义理论知识的学习，同时要有坚忍的意志，认识到创新能力培养的长期性、复杂性和艰巨性，树立终身发展的观念，除了要学习理论知识，还要注重培养实践能力和动手操作能力。其次要加强政治导向教育。新时代要进一步加强对大学生的思想引领和政治导向教育，明确创新能力培养的方向和目的，引导大学生将创新能力培养与爱国情怀、实学实干相结合，要求大学生不仅要具备过硬的专业技能，还要具备远大的理想和情怀，培养大学生成为担当民族复兴大任的时代新人。

3. 创新能力培养应紧抓关键领域

我国在不同发展阶段对于创新能力有不同的要求。在革命、建设、改革的各个历史时期，我们党都对科技发展和创新高度重视。改革开放前，面对重工业设备需要进口的局面，党和国家将创新能力培养方向集中在重工业技术的发展和创新上。改革开放后，我国开始调整产业结构，邓小平同志提出要加强基础教育和创新教育，打破常规去发现、选拔和培养杰出人才。[1] 因此，大学生创新能力的培养模式开始转变。

进入新时代，习近平总书记多次强调创新和创新能力培养的重要性。新时代，随着创新能力在综合国力中的地位越来越重要，大学生创新能力的培养也必须深入关键领域发展，加大在高精尖技术方面的研究投入。深入关键领域发展，首先要夯实基础学科建设。国家通过实施"基础学科深化建设行动"和建设学科基地，促进高校学生提高理论水平，培养其形成批判思维和创新思维。其次，推动交叉学科融合。创新能力是一个多种能力结合的综合能力，因此新时代大学生必须掌握更全面的知识，通过学科交叉为大学生深入关键领域发展提供知识保障。

4. 创新能力培养应深度融入全球创新网络

随着经济全球化的发展，创新已经成为世界各国提高战略竞争力的重要手段。因此，加强我国高校创新培养模式与全球创新网络的联系是新时代对于大学生创新能力培养的要求。

首先，要积极主动地融入全球创新网络，勇挑大旗，用联系的眼光看待问题。大学生创新能力的培养要加强与全球的交流合作，积极与世界一流大学交流，全面提升国际交流合作水平。国家鼓励高校发起国际学术组织和合作联盟等，通过举办各类学术交流活动、创办高水平期刊、积极参与国际议题等手段，激励学生关心专业和行业的发展现状，拓宽国际视野，使得大学生创新能力培养与全球创新网络接轨。

其次，融入全球创新网络要构建中国特色的创新思维和理念。不仅要加快

---

[1] 邓小平. 邓小平文选：第2卷 [M]. 北京：人民出版社，1994.

高精尖技术领域的发展，还要坚持构建中国特色的创新思维和理念，坚持马克思主义的指导地位，在学习理论知识的同时，增强理想信念和人类命运共同体的意识。不仅要思考自身的发展，还要立足人类发展，围绕基础科学前沿面临的重大哲学问题以及科技发展对人类社会的影响等问题，进一步对科学创新的思想空间进行拓展，以中国特色和人类命运共同体的创新思维融入全球创新网络中。

第二节　创新能力的特征

一、及时性与敏感性

（一）及时性

当社会发展和经济环境改变到某一阶段，则会需要一种与之相适应的新观点、新理论、新产品和新工艺，只有此时这种需求及时地应运而生，才能创造出恰当的社会效益和最大的经济效益。这种情况，谁抢在别人之前满足了这种需求则很可能收获成功，即我们常说的"一步先，吃遍天"。如果迟缓、懈怠和观望，就会落在别人的后边，让他人捷足先登，创新也就很难成立了。

（二）敏感性

即对问题具有较强的敏感性，主要体现在个体在学习新知识或研究新事物的过程中能够敏锐地发现问题，并且善于提出有价值的问题，对于解决问题有较高的内在驱动力，有时能以问题为导向，分析并完善事物。实施创新行为的重要前提之一，是必须具备发现问题的能力。个体在学习知识和实践检验过程中，应积极思考，透过事物的表面现象深入探究其本质，勇于质疑，并发现事物的不足之处。只有通过这样的思考和发现，才能够推动创新的产生与实践。

二、普遍性与应需性

（一）普遍性

关于创造力研究的历史表明，创造力并非来自神祇的赐予，也不是少数天才或优越的人的私有财产，而是人人皆有的一种潜在的自然属性。创新能力和人类其他的能力一样，不同的人能力大小有所不同，但不存在有无之分。正如行为神经学家理查德卡塞利所指出:"尽管个体之间存在着质量和数量上的极大差别,但是从我们之中最缺乏创意的人到最具有创意的人,其创造性行为的生物学原则是相同的。"[①]

此外,创新的普遍性还包括创新存在于人类活动的一切领域,不仅存在于正式的科研领域,也存在于人们的日常生活中。创新的普遍性为创新能力的开发与测量奠定了理论基础。

(二)应需性

人的创新能力是应需而生的,人首先产生了需要,有了创新的冲动和必要,从而才产生了创新能力主观实施的可能和运用方向。当现实不能直接满足人的需要时,人便力求改变现实,以创造更理想的世界,这是人的创新能力发挥的动力来源。同时,应需性证明了人的创新能力的实在性和唯物性,即人的创新能力是根据实践中的需要而来,来自对解决新问题的需要,创新不是随想臆断,也不是没有意义和章法的行动。

因此,应需在此有两种解释:顺应人们的需要和拟应人们的需求。拟应是指提前预见并掌控式地来适应。对于人的创新能力来讲,顺应人们的需要来施展人的创新能力与拟应人们的需求来发挥人的创新能力是两种不同的方式。它们的区别在于一"含"一"潜",前者来源于人们现实中迫切需要而尚未实现的目标,并以此发挥人的创新能力;后者关乎引动人们的潜在需求,针对潜在需求发挥人的创新能力,比起前者,思维更具超前性。满足人们的"含"与"潜"的需求,是人的创新能力得以"显"化的必经之路。

三、新颖性与突破性

(一)新颖性

创新贵在"新",即在学习新知识、研究新事物过程中,所运用到的解决问题的思路、方法跳出了原有框架,开辟了一条新的解决问题的途径,或者最终产生的新的理论成果是其他人之前没有提出过的,所产生的物质发明是世界上原先没有的。创新具有个人独创性,可以从新的角度将事物提升到新的层次,对前人的研究是一种突破。

[①] 阿什顿.被误读的创新:关于人类探索、发现与创造的真相[M].玉叶,译.北京:中信出版社,2017.

(二)突破性

突破的意思是打开缺口,突破不一定是创新,但创新一定有突破。之所以把突破性列为人的创新能力的特征,是因为其在人的创新能力中的必要性。创新首先意味着对旧习惯、旧模式、旧布局以及旧程序的改变和完善,这就是突破。突破意味着发现问题和提出问题,而我们需要突破的点,通常是已有成果中存在的不足与尚未解决的矛盾。

爱因斯坦说:"提出问题比解决问题更重要,因为解决问题也许仅是一个数字或实验上的技能而已,而提出新的问题和新的理论,从新的角度去看旧的问题,却需要有创造性的想象力,而且标志科学的真正进步。"[1] 提出问题是科学研究的新起点,因为提出问题意味着看到了新的可能。提出问题实质上是对现实的否定性怀疑,这种否定性怀疑产生了创新的动力。人们是在解决一个又一个的矛盾中前进的,在矛盾中寻找突破和实现突破,才能推动事情的发展,使人类文明不断前进。没有突破性,事物就会处于徘徊、停滞以及倒退的状况之中;具备突破性,一打开缺口,便具有了创出"新生"的可能。而要去突破,就需要不断尝试。哲学家波普尔(Popper)的证伪主义认为科学不能被证实,只能被证伪,证伪的过程在"问题—猜测—反驳—问题"中实现。证伪就说明要突破已有的,要不断尝试,以找到最有效的方法。人的创新能力在不断突破与尝试中得到锻炼和增强,其结果也在不断突破与尝试中得到验证。不管是知识的创新,还是技术的创新,都必须在一定的领域、范围或有关结构上,有突破性进展。没有突破,就称不上创新。

四、灵活性与贯通性

(一)灵活性

灵活性是指面对周围事物具备较强的适应能力和应变性,面对不同的问题能够灵活变换思路,寻求解决问题的不同方法和角度,如遇到难以解决的问题时,能够很快投入并适应情境,从多角度思考分析,一种方式行不通,立刻从其他角度思考如何解决问题,不钻牛角尖,思维具有开阔性、流畅性。在创新面前,没有固定的问题解决思路、方法、框架等,因此,需要有灵活的思维转换、跨越式的自由联想,在一定意义上需要冲破原先的一般规则框架。

---

[1] 黄新华. 中学物理教学对学生提出问题能力培养的实验研究 [D]. 南昌:江西师范大学,2005.

（二）贯通性

创新是建立在一定条件之上的，而不是与现有条件完全脱离。这里的贯通性，是指人的创新能力从思维到实践的贯通过程。

首先，人在思维层面产生创新的"火花"，运用思维的综合能力与分析能力，将创意固定与整合，然后这个创意再从思维层面落到实践层面，从人的"大脑"落实到人的"手"和"脚"，从理论层面贯通到行动层面，这才算是人的创新能力完成了一个完整的过程。

其次，人的创新能力在每个层面也都需要贯通性。对于大脑的"运转"来说，如果把大脑比作一台机器的话，那么不具备"贯通性"的大脑，就是生锈的机器，或者是"卡壳"的机器。在行动中，实践行为也是步步相连的，任何一个环节出现堵塞，都将妨碍人的创新能力的正常发挥。发展的可持续性和长远性——既赢在现在，也赢在未来，都离不开创新贯通性的作用。

五、广泛性与综合性

（一）广泛性

创新的广泛性主要体现在创新需要广泛的知识储备，创新所产生的成果包含广泛丰富的内容。创新需要有广泛的知识和开阔的视野，在具备广泛的知识和开阔的视野的基础上，还能够将不同类别的知识综合运用，融会贯通，知识的广泛与综合运用有效提高了人们的创新能力，并且创新创造了广泛的新资源，如新技术、新产品、新制度、新方法等。

（二）综合性

创新能力是一种综合能力，既是一种智力特征，也是一种个性素质，是智力因素与非智力因素的总和，是个体与环境交互作用的综合体现。创新能力的综合性，第一体现在结构性上，创新能力由不同的要素构成，各要素在创新活动过程中发挥着不同的作用。第二体现在层次性上。创新能力一般包括三个层次，"一是利用已知科学知识或理论分析问题、解决问题的能力；二是运用探索能力，利用已知科学知识或理论去分析新问题、解决新问题、取得新的结论的能力；三是运用科研能力，设计新方案，提出新假设，创立新理论，发现新技术，开发新产品，或发现人类未曾发现的客观规律，或创造人类从未创造过的新事物"。[①]

[①] 潘懋元.新编高等教育学［M］.北京：北京师范大学出版社，2009.

六、可塑性与能动性

（一）可塑性

创新能力既是人所具有的一种潜在的、天赋的自然属性，同时又是一种社会属性。现代心理学家通过研究一致认为，创造力的形成既有遗传因素的成分又有后天环境和教育的作用，在先天因素和后天因素综合作用之下渐进发展，具有可塑性。① 可塑性为创新能力的开发和培养提供了可能性。国内外创造力开放教育和培训的实践也证明，人的创造潜能可以通过科学的教育、训练不断被激发出来，转化为显性的创新能力，并不断得到提高。

（二）能动性

人的创新能力的启动来源于人的主观能动性，故而，人的创新能力的首要特征便是能动性，即主动地利用客观条件并改造客观条件的特性。人的创新能力是一个通过思维与实践的结合，自觉地、有目的地以及有计划地反作用于客观世界的过程。要对客观世界产生反作用力，即在客观世界有所创新和有所作为，就必须发挥人的主观能动性。人的创新能力的能动性依据于人对目标的本质认识，也依据于人自身的需要，是对人和对象世界之间的价值关系的认识和把握。

创新，不能被动等待或者一味地观望，不去发挥人的能动性，创新就落不到实处。人的创新能力的能动性不仅在于主动地去反作用于客体，而且在于思维的相对独立性。人的创新能力的作用本身就意味着不同于前人，不能单纯模仿，而是要发展独立思考、独立判断以及独立得出结论的能力。

思维的独立性并不意味对他人的观点不闻不问，而是不盲从前人的经验与已有的观点。人只有在独立思考问题的过程中积极地发挥自己的主观能动性，才能另辟蹊径，发现新问题，并找到解决问题的新方法。

七、阶段性与交互性

（一）阶段性

个体的创新能力与个体思维发展有着密切联系。瑞士儿童心理学家皮亚杰（Piaget）提出认知发展的四个阶段，即感知运动阶段（0至2岁）、前运算阶段（2至7岁）、具体运算阶段（7至11岁）、形式运算阶段（11岁至成年）。在感知运动阶段和前运算阶段的认知特点是：发展了客体永恒性，思维具有不可逆性，

---

① 孙汉银.创造性心理学[M].北京：北京师范大学出版社，2016.

在具体运算阶段儿童的思维发展出整体性和逻辑性，但不能进行抽象逻辑思维，认知发展到形式运算阶段已具有系统性思维。由此可见，思维在不同年龄阶段展现出不同的特征，因此，与思维发展的阶段性相适应，创新能力也具有其发展的阶段性特点。

（二）交互性

创新能力虽然由不同的要素构成，但各要素之间并不是割裂的，而是相互依存，相互作用，并在一定条件下可以相互转化的。各个因素在人的整体创新能力中的地位和作用不同，却又相辅相成，欠缺任何一个因素都会影响创新潜能的发挥。同时，创新能力的产生是个体因素与环境相互作用的结果。

八、实践性

实践是人们认识世界和改造世界的活动，它具有客观性和物质性的特点。创新必须建立在实践的基础上，它是在前人实践的基础上的创新，而创新的设计、构想和知识体系，又必须通过实践来检验，并不断丰富和完善。

有的创新是通过科学实验来完成的，而科学实验也是一种实践。创新的实践性还意味着创新不是为了创新而创新，而是为了实践，为了改变世界。如果不在一定的领域或范围内改变世界，创新就没有多大意义。

第三节　大学生创新能力培养与开发的意义

一、有利于创新人才的培养

在人类发展过程中，创新能力是一项较高层次的能力，它在一定程度上对个人素质和综合能力提出了很高的要求。在高校教育体系中，创新能力的培养是必不可少的一部分，它在一定程度上指引了学生个人成长和未来发展的方向。

（一）创新促进大学生全面发展

在马克思主义看来，创新能力的培养不仅是人的全面自由发展上升到自主阶段的所需知识、智力和实践能力的体现，也是全部社会历史发展过程中以不同历史阶段的特殊性体现出来的对实现人的全面发展与促进社会全面进步的必然要求。人的全面发展的进步受到时间和空间的局限，需要通过包括创新能力培养在内的知识的代代传承。事实上，创新人才的培养是人类自身在生产方面的一种表现形式，既要达到前人已经达到的高度和水平，又要保持和超越前人的水平，以跟上世界发展的步伐。任何民族停止创新活动，绝不是这个民族的幸事。

教育不解决创新人才培养的问题，就不能真正地实现人的全面发展，因为处在落后于时代生产力水平的能力状态的人才，不是符合社会生产力发展水平需要的能力状态的人才，更称不上是真正符合马克思主义科学定义的全面发展的人才。不能正确认识创新能力在全局角度的位置和意义，也就不会科学地认识个体综合创新能力。单纯的创新能力培养会在一定程度上造成某种全面综合能力的欠缺，同时会在某一特定领域阻碍全面性可持续发展的进行，这也是大学生创新能力培养的意义所在。

（二）创新提升大学生综合素质

在社会主义建设中，新时代的大学生是不可或缺的重要力量。为了更好地履行社会主义建设目标，加强大学生个人综合素质的培养尤为必要。大学生的综合素质涵盖了知识水平、道德修养和各种能力方面的素养，包括学习能力、思考能力、社交能力、问题解决能力和创新能力等。而创新能力作为大学生综合素质中的最高级部分，对个人的素养和未来的发展方向起着至关重要的作用。

在复杂多变的国际竞争中获得有利地位依靠的是创新。随着教育的发展和普及，就业和创业竞争日趋激烈，怎样在激烈的人才竞争中获得优势，加强个人综合能力的培养成为重中之重。

对于大学生综合素质的培养可以分为学校培养和社会培养两部分。在学校培养中，学校为学生提供基础理论知识的学习，通过对专业知识的了解和吸收产生创新意识和思维。此外，学校还提供丰富的实践场地和比赛资源，鼓励学生在实践中运用创新思维。在社会培养中，学生进入社会生产和社会实践活动中，将已有的专业知识结合自身的实际工作，并在工作中不断进行更新和学习，实现个人的发展和成长。在从学校培养顺利过渡到社会培养的过程中，学生的综合素质起到重要的作用，决定学生发展程度的是创新能力。

因此，大学生的综合素质与创新能力的培养是分不开的。新时代大学生接受高校创新思维和理论知识的培养后，可以掌握合理的知识结构，拥有必要的思维能力和分析、解决问题的能力，并通过实践加以运用和掌握，从而提升自身的综合素质，增强大学生就业竞争力，提高职业可持续发展能力，为大学生个人的可持续发展奠定基础。

二、有利于高水平大学的建设

高校作为教育的主阵地,发挥着人才培养和输送的功能。培养创新型、高素质的人才是高校的责任和发展目标。纵观中国近代以来的发展,高校都是紧跟时代和社会需求,培养社会发展所需要的人才。进入新时代,面对建设创新型国家的战略决策,加快高校教育改革和人才培养方式成为高校发展的重要内容,培养国家所需要的创新型人才、建设一流大学成为高校的重要任务。

(一)创新加快高校人才培养

创新人才的培养是创新型国家建设最重要、最核心的问题。高校作为人才培养的主阵地,要充分发挥教育作用,而创新人才的培养是一流大学和高水平大学义不容辞的根本任务。对于这一根本任务和目标,高校要对人才培养模式进行创新,加大人才培养力度。

创新对高校人才储备的积极作用体现在人才培养内容和人才培养模式上。

1. 从人才培养内容来看

纵观中国近代以来的高校教育,人才培养都离不开创新。学校的教学内容在社会发展的不同时期不是一成不变的,而是不断按照国家需要、社会发展以及行业需要来对教育内容进行充实和创新的。例如,改革开放初期,我国大力发展重工业,当时的高校目标主要是培养具备专业技能和专业素养的工业人才,来发挥高校对社会发展的知识支撑作用。随着素质教育的提出,高校在教学过程中更加注重培养学生的综合能力,坚持以人为本的理念,尊重学生个性发展,强调学生问题意识、批判能力、独立思考能力和创新思维的培养。其次,创新发展促进高校不断改革教育内容。高校教学不再局限于单纯地灌输理论知识,而是更多地倡导独立思考和学习,通过实践将创新意识和思维转化为创新能力。在逐步重视创新教育的环境下,学生不再局限于在课堂中学习理论知识,而是更多地结合实践、操作来巩固学习内容。

2. 从人才培养模式来看

单一的依靠成绩选拔人才的模式已经难以适应社会的需要,在国家推行素质教育的号召下,高校在人才选拔机制上也应当有所创新。高校在选拔人才时更加看重个人品德和综合能力,树立以人为本的教育理念,在评价人才时采用多方面多角度评价,从成绩、社会实践、学校活动等方面进行考核。因此,创新在一定程度上提高了高校人才输送的质量,更好地发挥了高校的社会服务功能。

（二）创新推动高校履行职能

高校作为国家知识创新体系的主体，为国家和社会发展提供"源动力"。高校具有人才培养、科学研究、社会服务和文化传承四个基本职能。高校要依靠创新驱动发展，以国家需要为方向，以一流高校为目标，积极履行高校职能。

1. 人才培养方面

创新能力的培养为高校职能的履行提供了动力。高校经过长久的发展，已经具备系统完整的知识体系，有专业的教师队伍以及老中青结合的学术团队，但随着国家和社会的不断发展，高校也要不断对自己的知识体系和人才培养水平进行创新，并为国家输出真正需要的人才。

2. 科学研究方面

高校通过教育创新改革，培养一批有素质、有方法的专业教师，完备教师队伍建设，在一定程度上有利于高校科研能力的提升，从而更好地履行社会服务职能。

3. 社会服务方面

高校重视大学生创新能力的培养，可以为企业和社会传递创新意识，用创新成果引领社会，有利于营造浓厚的创新氛围，更好地服务社会。

4. 文化传承方面

从文化传承来看，创新在一定程度上丰富了高校的文化传承形式。学生通过社团活动、文艺活动，为中华优秀传统文化注入了新的表现形式，向社会乃至世界展现了中华优秀传统文化的美，不仅促进了优秀文化的传承，加强了文化自信，而且更好地履行了高校文化传承创新的职能。

（三）创新促进高校成果转化

大学生通过理论学习和实践经历认识了物质世界，随后又通过实践不断对认识进行检验。在认识与实践运动中将理论知识、科研想法转化为促进社会生产力发展的产物，这一过程中依靠的就是创新能力的运用。

大学生创新能力的培养是创新成果转化过程中的关键一环。2016年教育部、科技部发布的《关于加强高等学校科技成果转移转化工作的若干意见》强调并指出："科技成果转化是高校科技活动的重要内容，高校要引导科研工作和经济社会发展需求更加紧密结合，为支撑经济发展转型升级提供源源不断的有效成果。"

此后，各高校所培育的科研团队在已有专业知识背景和国家政策的引导下，通过加强创新思维的培养，不断尝试各种创新方法，并在实际问题的解决中运用创新内容，最终让科研走进社会，转为促进经济发展的强劲动力，为建设创新型国家提供直接的动力。例如，部分农科类高校将现代技术与传统农业相结合，在农产品的优化、农业器具等方面做出创新，如烟台农科院研发的烟薯 25 号、江苏省农科院研发的南粳 46 号等，都是创新成果转化的突出案例。

三、有利于国家科技水平的提升

自古以来，中国的发明创造数不胜数，"四大发明"更是享誉世界。但近代以来，由于教育改革和人才培养的落后，中国的科技水平、制造业生产落后于发达国家，甚至一些核心技术只能依赖进口，导致中国制造的关键技术出现"受制于人"的局面。自主创新能力不足导致的技术受限，在很大程度上影响了中国制造和经济的发展。例如，我们每天都要接触的移动手机，是我们生活中最常见的电子产品。从刚开始的传呼机到 5G 手机的发展，我国的手机制造业已经有了跨越式发展，但在核心技术上仍然存在受制于人的情况。"华为"作为我国 5G 标准的主导者之一，也是我国最大的通信设备商，却在芯片技术和操作系统方面受制于人。除了芯片技术，我国在很多核心技术上仍然被西方"卡脖子"，如光刻技术、真空蒸镀机、超精密抛光工艺等技术都被美日等国家牢牢把握市场主动权和市场份额，这对我国建设创新型国家提出了巨大挑战。

面对部分关键技术依靠进口、市场份额较少的局面，党中央正确分析国内外形势，坚持实施创新驱动发展战略，加快建设创新型国家战略步伐，坚持加强基础研究、应用基础研究和关键核心技术攻关。加大创新科研经费的投入，经过多方面的投入与努力，我国在众多领域取得了突破性的进展，如北斗导航全球组网、磁约束核聚变等，大大缓解了关键技术被"卡脖子"的局面。全球创新指数排名从 2015 年的第 29 位跃升至 2020 年的第 14 位，一批关键核心技术取得突破。

因此，大学生作为国家科技创新的重要力量，其创新能力的提升可以为创新型国家的建设提供智慧方面的支持，可以在一定程度上增强国家的自主创新性，并逐步打破发达国家的技术垄断。

四、有利于创新型国家的建设

随着我国进入新的发展阶段，国内外的发展环境发生了深刻的变化，在攻坚克难阶段面临很多新的机遇与挑战。随着新一轮科技革命的开始和产业变革的深入发展，国家间展开了基于经济实力和科技实力的综合国力的竞争。随着科技的发展和社会的进步，创新在国家综合国力发展中占据的地位越来越重要，成为综合国力的核心和国家竞争力的关键，国家综合国力的竞争归根到底是人才的竞争。

（一）中国梦实现的关键要素

2012年11月29日，习近平总书记在国家博物馆参观展览时首次对"中国梦"进行了阐释，他指出中国梦是"实现中华民族伟大复兴"，这是中国人民共同的期盼，也是中华民族近代以来最伟大的梦想。从国家层面来讲，中国梦意味着国家富强、民族振兴、人民幸福。新时代国家富强的标志之一就是自主创新能力的高低，因此独立自主创新能力的增强是建设创新型国家的核心，是实现中国梦的关键要素。创新能力的提升在一定程度上为中国梦的实现提供了科技动力、人才动力。

创新能力培养为中国梦的实现提供了科技动力。2006年，《国家中长期科学和技术发展规划纲要（2006—2020年）》正式实施，在科技设施投入、人才培养模式、创新成果转化等方面提出了更加具体的措施，将科学技术与社会经济、高校发展、企业发展更加紧密地结合在一起。2016年，国家立足全局发展，分析国内外科技发展情况提出《国家创新驱动发展战略纲要》重大决策，明确未来30年中国科技发展方向和目标，为中国梦的实现提供坚强的科技支持、强大的人才后备军。一切科技创新活动都要依靠人来完成，要把我国建设成为世界一流科技强国、实现伟大复兴的中国梦，最重要、最关键的要素是调动科技人员的创新活动和动力，激发人才的创新潜能。

人才是创新的基础，创新是中国梦实现的重要条件，因此从国家、高校、个人层面都要重视人才培养，培养一批有创新思维、有能力、有情怀的青年人是实现中国梦的关键要素。

（二）社会生产力发展的推动因素

生产力的基本构成要素主要包括以生产工具为主的劳动资料、劳动对象和具有知识经验的劳动者三方面。生产力的发展不是一蹴而就的，而是通过不断创新生产力要素逐渐发展起来的。从劳动资料和劳动对象来看，原始时期的石锛、石斧，青铜器时代的铜斧、铜镰，到改革开放初期的播种机、拖拉机等农耕工具的变化在一定程度上实现了大规模种植。这一劳动资料的转变依靠的是农业技术的创新。马克思在著作《德意志意识形态》中对创新对生产力发展的重要意义进行了论述。他指出"一个民族的生产力发展的水平，最明显地表现于该民族分工的发展程度。任何新的生产力，只要它不是迄今为止的生产力单纯的量的扩大，都会引起分工的进一步发展"。[①]

因此，无意义重复的生产力并不能引起社会分工的改变，对社会经济发展的促进作用不大，生产力只有不断创新，在扩大旧的生产力的同时，通过改进劳动工具、提高劳动生产率等手段扩大生产力，才能进一步引起社会分工。

大学生创新能力培养可以在实现现代化国家发展目标的过程中，提供其所需要的千百万创新劳动的参与者和众多高素质创新生产组织者。大学生创新人才是实现战略布局不可缺少的重要方面。大学生创新能力培养可以引导大学生凝聚民族发展共识，增添与调动大学生参与国家现代化发展的自我创新勇气和力量；通过加强大学生创新能力的培养，促进人才创新能力的全面发展，团结和凝聚千百万高素质创新人才从上到下齐心协力来助力我国"两个一百年"奋斗目标的顺利实现。促进经济的可持续健康发展、促进我国科学技术的世界领先及不断满足人民日益增长的美好生活需要，都需要加强大学生创新能力的培养。

党的十九大召开以来，面对我国进入新发展阶段的重大判断，保持创新在现代化经济建设中的核心地位，对劳动者提出了新的发展要求。新时代的劳动者要注重培养创新思维，增强创新能力，这样才能成为社会所需要的人才。因此，科技创新不仅能直接转化为现实生产力，还可以通过渗透生产力要素各个方面来促进全社会生产力发展水平的提高。

党的二十大报告指出，必须坚持科技是第一生产力、人才是第一资源、创新是第一动力……加快实施创新驱动发展战略，加快实现高水平科技自立自强。因此，必须坚持教育、科技、人才三位一体，统筹谋划、一体部署，加快建设教育强国、科技强国、人才强国，坚持创新在我国现代化建设全局中的核心地位，把科技自立自强作为国家发展的战略支撑，加快实现高水平科技自立自强，建设现代化产业体系，提升国家创新体系整体效能，着力形成支撑引领经济社会发展的科技创新体系，加快建设世界科技强国。

党的二十大报告不仅对科技创新作出了全面部署，强调了科技创新的重要性和紧迫性，还提出了具体的目标和任务。

---

① 中共中央马克思恩格斯列宁斯大林著作编译局.马克思恩格斯选集：第1卷.[M].北京：人民出版社，1995.

因此，在新时代的经济建设中，劳动者需要具备创新思维和创新能力，以适应社会发展的需要。这不仅需要劳动者自身的努力，更需要全社会的支持和引导。各级政府应该加大对科技创新的投入，完善科技创新体系，提高创新成果的转化率。同时，教育部门也应该加强对科技创新人才的培养，提高人才的创新能力和综合素质。只有这样，我们才能更好地适应新时代的挑战和机遇，推动经济高质量发展。

第二章　大学生创新能力培养现状

随着全球知识经济的迅猛发展，创新已经成为时代发展的核心。大学生创新能力培养是提升学校创新人才培养质量的核心内容，是提高我国综合国力和科技创新的重要举措。近年来，虽然大学生创新能力培养取得了一定的成效，但同时也存在一些问题需要解决。本章围绕大学生创新能力培养取得的成效、大学生创新能力培养存在的问题、大学生创新能力培养的影响因素等内容展开研究。

第一节　大学生创新能力培养取得的成效

一、初步建立大学生创新能力培养体系

随着新时代的到来，高校教育改革已经逐步展开，对课程设置和教育资源等的改革也在不断加深。

高校人才培养的课程设置是以国家政策为导向、人才需求为目标的。加强创新人才的培养、探索新型培养模式是高校教育改革发展的方向。2019年10月，《教育部关于深化本科教育教学改革全面提高人才培养质量的意见》中指出要充分挖掘各类课程和实践活动的创新教育资源，督促各高校办好创新类的实践活动，提高全国大学生的创新水平。2019年11月，《教育部关于加强和改进新时代基础教育教研工作的意见》中指出要创新教研工作方式，根据院校因地制宜采用不同教研方式，提升学生的积极性和创新性。高校应根据国家政策的指导和要求，在全校范围内开展创新理论课程。

在实践活动方面，高校应积极探索创新能力培养的新模式。大学生创新理论的学习和创新能力的培养不再依靠单一课堂知识的传授。高校应坚持理论与实践相结合的方法，在创新实践活动形式上展开积极探索，例如，不少高校针对不同年级和专业的大学生开展了具有地区特色和专业特色的第二课堂活动、社团活动、创新工作室等。其中，具有代表性的有北京大学的"江泽涵杯"数学建模活动，

清华大学建立的未来兴趣团队、清华 iCenter、清华创+和清华 x-lab 等，还有复旦大学开设的"荣誉学位课程"，南开大学的"智能基座"活动，云南大学的"你好，大学生"栏目，浙江大学的创新研修班等。高校创新能力活动已经形成以提升专业素养为主线，以实验室基地、学科竞赛、创新团队建设为依托的创新实践活动，大大丰富了学习创新知识的途径。

二、积极举办大学生创新能力培养大赛

高校作为大学生教育的主阵地，发挥着教育、引导作用。要建设高水平研究型大学，在高校教育中要将发展科技、培养人才和增强创新能力更好结合起来，发挥高校基础教育的优势，促进产学研相结合，努力构建中国特色的学科体系。

在当前的高校教育中，高校作为教育主场已经取得了一些成果：首先，高校积极参加国家组织的创新实践活动，并积极举办校级创新大赛。国家组织并号召高校参加的创新实践类大赛，主要包括：①挑战杯"大学生课外学术科技作品竞赛"，该比赛由共青团中央、教育部等联合举办；②中国"互联网+"大学生创新创业大赛①，该比赛由教育部、政府与各高校共同举办，是国内最大的综合性赛事；③中国创新创业大赛，由科技部主办，旨在推动高校高质量发展，培养大学生创新创业能力。此外，还有中国设计智造大奖、中国大学生机械工程创新创意大赛、中青杯全国大学生数学建模竞赛等赛事。国家级创新实践大赛涉及各个专业及方向，各高校应积极宣传并组织学生参加。

此外，国家对大学生创新创业工作的扶持力度加大，通过加大资金投入、政策倾斜等引导高校深化创新教育改革，加大创新教育投入。至此，"国创计划"已经成为面向全体大学生的一项创新创业人才基础培育工程。除了"国创计划"，各高校在学校范围内也建立了创新创业扶持政策，助力大学生创客空间、双创示范基地、大学生创新创业训练计划等。

三、大学生创新意识培养显著提升

创新意识是大学生在生活、实践中有意识地运用自己的知识和技能去观察物质世界，萌生问题意识，并尝试解决问题的思想过程。创新能力的培养首先要进行创新意识的启蒙。

进入新时代，国家在政策上提出要加强大学生创新能力的培养，在氛围上大力营造"大众创业，万众创新"的环境。随后，高校积极响应，在高校教育的各

---

① 第六届以后更名为中国国际"互联网+"大学生创新创业大赛。

个层面融入创新教育。高校作为大学生教育的主阵地,发挥着至关重要的作用。大学生通过学校专业知识学习、实践操作等形式,积累经验,不断发现学习和生活中的问题,刺激创新意识的产生。大学生创新意识提升的表现如下:第一,充分认识到创新能力在学习实践中的重要性;第二,有问题意识并有强烈的意愿付诸实践活动。大学生对创新重要性的认识和创新活动的参与比例充分表明目前大学生的创新意识已经萌芽。

第二节 大学生创新能力培养存在的问题

随着国家和社会日益重视大学生创新能力的培养,高校将创新思维的启发、课程的设置等纳入教育改革中,创新能力的培养已经取得了一定的成绩,但在一些方面仍然存在一些不足。

一、对大学生创新能力培养的认识存在随意性

(一)专业知识教育与大学生创新能力培养衔接不紧密

大学生创新能力的培养存在专业课程教学缺少与促进大学生创新能力培养相衔接的具体教学指标的问题。如果专业课程教学过程只是满足于学生可以顺利拿到毕业证书,而不是把具体的学科知识体系教学与培养大学生创新能力相结合,就会因为大学生误解创新能力培养的内涵,大大降低专业课程教学在大学生创新能力发展方面的效果。

大学生创新能力培养的关键在于从被动学习专业知识转化为将知识运用与培养大学生自主意识有机结合,使其具备从专业化视角解决行业发展中遇到的新技术领域问题的能力。如果课堂教学只是简单注重课本知识的进度,不仅会挫伤学生学习的积极性,也无法有效满足大学生对于全面发展的意愿和需求,导致教学活动片面,违背教材的"人才"培养初衷,不利于大学生创新能力的培养。如果在大学生创新能力培养的过程中不能有效避免这种情况,就会在一定程度上影响大学生创新能力提升的整体效果。

(二)大学生创新实践能力普遍有待提高

根据大学生的年龄和成长阶段,和成人相比,在大学生创新能力的主要构成要素中,大学生创新能力发展最欠缺的是创新实践能力,其重要原因是大学生一

般都没有经过生活实践和工作实践的锻炼，而在不久的将来他们就要走向社会实践，缺乏实践的问题就会逐渐暴露出来。高等教育的最终目的是培养"社会人"，而不是"学生"，可很多高校和教师并没有认识到这一点。

大学生可能具有较高的理论基础、较丰富的专业知识、较成熟的思想和心智，具备一定的工作能力，但由于社会实践活动较少，实践能力较差，又由于实践教学没有开展到位，很多大学生一旦离开校园步入社会，就会表现出人际交往能力差、应用所学知识能力差等特点，以致出现茫然、难以适应工作环境的现象，从而不能发挥出他们自身的实际水平，影响其自身的发展，更不用说在岗位上进行创新研究，这也在一定程度上影响了社会的发展。

因此，大学生的创新实践能力普遍有待提高，在大学生创新能力培养中我们更应加强对其创新实践能力的培养。

（三）对大学生创新能力培养于社会发展的支撑作用认识不到位

大学生创新能力培养的作用被一些表面问题所掩盖，教师对于学生急于找到安定工作的情绪的具体助力是辅导考研、考公务员或应聘等，而创新能力的培养处于从属地位。替代冷静审视现实需求和自我价值创新实现思考的是功利主义的短视、追名逐利等。创新能力的形成和实施具有不确定性，因此它常被冠以不实用和不切实际而被放弃。

另外，创新能力的培养需要有直面现实和否定权威的勇气，把自己置于现实和眼前的"合理性"对立面不是一件容易的事情，需提升个体的立意水平和境界等。创新能力的培养除心理和观念的挑战之外，还需要一定的个体素质，以直面和衡量个体智力差异，这不仅对大学生来说不是一个简单问题，对教师而言，也是一道难题。创新能力的培养如果不能走出简单就业、维持教学活动运转和创新风险等问题的创新认识低地，创新领域的辩证法就会把这种无创新意愿的人才资源，变成社会的负担、包袱和负能量。

大学生创新能力的培养对社会的支撑作用，不是简单地把毕业生推进社会，而是主动为经济政治文化发展提供可发挥积极能动作用的人才。

二、对大学生创新能力培养的理解存在差异性

（一）缺乏鼓励支持大学生创新能力培养的氛围

大学生创新能力的培养应该把培养和造就社会主义合格建设者和接班人的目标和大学生创新能力培养的具体落实环节统一起来。如果在大学生创新教育中出

现两者的脱节，就会不利于大学生创新能力的培养。

在培养大学生正确世界观的过程中，让大学生在接受知识的同时，形成对知识及自我观念和能力的已有水平的超越，不是一件容易的事情，这通常成为教育实际效果成败的分水岭。如果在大学生创新能力培养的过程中，只是简单地进行知识的传授，而不去解决大学生现有观念和身心状态对于知识学习的接受方式与容纳条件，不仅不利于实现大学生知识接受的完整过程，也不利于培养大学生创新能力所必需的自主性意识，特别是对于具有盲目排斥心理的学生。不管是大学生的被动受教育感受，还是对于知识记忆的排斥，教学中大学生对于由教学引发的抑制性情绪感受等，事实上都可以转变为大学生创新能力培养的发展动力，应该帮助大学生有效认识正负心理和观念转化的方法，以促进其创新能力培养的顺利进行。如果不能合理地运用教学方式和方法，转变受教育者对于教学活动的消极心理与负能量的观念设定，就不能很好地解决大学生对于创新能力培养的排斥和抗拒问题。

（二）大学生创新能力引导存在局限

大学生创新能力的培养对于大学生创新状态的引导存在一定的局限性。对于教育活动中利于创新状态出现的师生互动调整重视不足，容易因教师的忽视造成大学生的知识接受状态开启不足，使大学生的被动学习状态无法得到有效平衡，导致大学生创新能力培养的教学收益不足，没有取得相应的教学效果。如果教师将主要精力花费在课堂讲授上，就会因此忽视大学生本身的听讲学习意愿，从而忽视大学生在教学过程中的参与状态，影响教学活动对全部教学生效环节的作用的积极发挥。

在大学生创新能力培养的过程中，如果仅把完成教学任务当成全部教学目标，就会影响受教育者对于创新能力培养的判断，削弱大学生参与创新能力培养的积极性，影响大学生创新能力培养的实际效果。因此，大学生创新能力的培养需要深入了解大学生创新能力培养过程中所涉及的相关环节，并积极从理论和教学方面将其纳入大学生创新能力培养的全过程。

（三）大学生创新实践缺少相关必要环境与平台

在大学生创新能力培养的过程中，必不可少的便是形成大学生创新意识、养成大学生创新习惯的创新环境。引导大学生捕捉创新灵感，需要了解科技进步与新兴产业发展的前沿，需要保持知识更新与创新速度的同步发展。教育者如何解决专业基础教学与大学生创新能力培养环境和平台的过渡与衔接，除了必要的硬件设施，从教育本身来看，还需要解决大学生对于创新活动的辩证认识与自我身心发展状态向创新能力靠拢的问题。如果不能解决大学生好高骛远的心理，以及伟大创新产生于平凡环境下的辩证认识与脚踏实地作风的培养，就会助长大学生心浮气躁之风，不利于创新素质的培养。

因此，引导大学生正确看待创新观念、创新意识、创新自觉与创新平台和环境的关系，与大学生创新境界的提升有着十分密切的关系。应该帮助大学生认识到如果不能静下心来去发现，再好的创新环境和平台都会无助于创新实践，应该引导大学生科学运用自身的逻辑思维能力，用自己掌握的知识体系、观念体系和创新体系捕捉创新灵感和火花。

三、大学生创新能力培养存在理论脱离实际的倾向

（一）大学生创新能力培养中创新意愿和动力激励不足

大学生创新能力的培养应该强化大学生在创新过程中的主导作用的调整和操作能力的训练。如果大学生的心理耐受区间始终徘徊和沉浸于受教育者的被动地位，教育者的主导作用就会限制大学生自主创新能力的发展，也就谈不上大学生创新能力的培养。

在大学生创新能力培养的过程中，教师除了要在知识传授方面体现高素质，还应该解决好大学生创新思维和实践方面的身心问题。如果创新能力的培养无法触及大学生的身心，就会影响创新过程的完整进行，这样就无法形成完整的创新能力。

从这个角度来看，创新不成功是由创新观念的残缺导致的，而残缺的创新观念是由残缺的创新教育导致的。大学生创新能力培养的入脑入心问题应该从受教育者入脑入心的方法入手，而这一教育效果的实现与教育者的教育态度、教育观念、教学情感、责任心、专业知识和专业素质等许多方面发生联系。如果大学生创新教育效果不佳，表面上看可能是抽象知识教学的原因，事实上应该更加深入地探讨其中所涉及的相关环节和因素，并加以应对和解决，实事求是地认识和完善大学生创新能力培养的过程。

（二）大学生创新人才培养标准校内校外存在差异

事实上，目前大学生创新能力培养的标准尚未形成有机的统一，且缺乏专业机构的规范与约束，这在一定程度上导致大学生创新能力培养活动的资源浪费和效率低下。

如果大学生在创新能力培养过程中继续保持陈旧的思想观念和行为习惯，就会不利于达成符合大学生创新能力培养的新时代社会化需求的人才标准。从另一个角度上说，应该加速大学生知识的社会化、成果化，以满足社会创新的需求。这不仅要求大学生创新能力的培养要尽可能地保持专业性优势和学科理念优势，还要求大学生创新能力的培养要与社会需求实现无缝对接。

大学生创新能力的培养不仅应该成为助力我国实现民族复兴目标的因素，还应该成为引领我国人才培养方式的标杆与样板，以及提高民族素质和提升国际形象的有效方式。只有积极促成大学生创新能力培养与社会人才标准保持一致，才能更好地展现大学生创新能力培养的地位与价值，否则可能会影响国家民族整体发展目标的实现。

因此，教育者一方面要以竭尽全力的状态加速大学生创新能力的培养，另一方面还要确保符合社会发展对创新人才的要求与标准，这就对大学生创新能力的培养提出了新的挑战。只有正确处理社会发展与创新人才培养之间的新矛盾，才能很好地满足社会发展对所需创新人才的要求。

（三）对有利于大学生创新能力培养的政策和制度宣讲不足

大学生创新能力的培养需要完善的制度和机制作为支撑，确保能够顺利进行创新活动。实际上，国家宏观创新政策和政府支持创新的体制与市场机制正在试点、形成和完善，大学生创新能力的培养除了要解决大学生创新知识的专业性能力发展问题，在大学生创新实践的过程中，还要提升大学生对国家与政府支持创新实践的政策和制度的认识，促使大学生创新活动顺利开展。如果在大学生创新能力培养的过程中，不能很好地鼓励和引导大学生的创新观念和创新意志，就不能很好地实现大学生在观念上和运作上的创新成果与社会实践的对接，同样会不利于大学生创新能力的培养。应该引导大学生从现有的国情出发，正确处理创新资源与创新事业发展的矛盾关系，在大学生创新政策与制度发展不平衡的条件下，找到适合自身创新发展的便捷通道，引导大学生认识创新实践，将社会创新资源利用能力的提升作为大学生创新能力培养的重要方面，而使大学生的创新实践能力得到切实的提升和发展。

第三节　大学生创新能力培养的影响因素

一、高校因素

（一）高校对大学生创新能力培养的引领力不够

21世纪以来，我国教育事业蓬勃发展，党和国家分析国内外形势后做出了关于教育综合改革的决策部署，要求高校在新形势下提高教育质量，创新教育组织形态，实施创新驱动发展战略，高校的创新教育也有了新的发展形势。根据学科特性，国家对不同学科提出了不同的创新要求。高校作为人才培养的主阵地，要充分发挥创新能力的统领作用，因此高校必须将教育质量作为教育改革发展最关键、最核心的任务。

新时代要提高大学生的创新能力，实施建设创新型国家的创新驱动发展战略，高校要加快创新教育改革。但结合当前高校创新教育建设情况来看，高校对大学生创新能力培养的引领力远远不够。

①从大学生创新能力培养发展的整体情况来看，高校教育整体创新能力难以支撑创新发展战略。自21世纪以来，全球科技创新的步伐不断加快，全球经济结构也正在经历深刻的重塑。随着高等教育的改革和发展，我国高校在创新能力方面取得了显著的提升，在全球的排名也有所提高。然而，我们必须清醒地看到，高校创新教育在地区和学科发展上存在不平衡的问题。基础科学研究仍然是我们的一大短板，原创性成果的产出还有待提高。在关键技术领域，我们仍面临着"卡脖子"的困境，这种情况并未得到根本的改善。主要的原因是高校对于大学生的创新教育停留在理论知识的学习上，在实践操作和成果转化方面投入力度不够，在创新培养方法方面的引领性不强。

②从高校人才培养职能的发挥来看，高校作为大学生掌握基本技能的学习场所，除了要学习理论知识，还应该提供学生进入职场所要具备的基本技能，但学校对大学生实践能力培养的引领性不强。

一方面，高校开展的实践活动具有专业偏向性，无法构建部分学科的实习平台。除了针对困难学生开展的"助学、助教、助管"岗位外，很大一部分学生需要自己联系实习，校内实习机会较少。

另一方面，校企合作力度不强。从政府层面看，国家出台了促进校企合作协同育人的相关举措,但尚未出台具体的校企联合培养计划、成果分配和保障措施,对校企合作的推动不大。从高校层面看,高校对于企业所需人才情况了解不够,培养的人才与企业需求存在一定的差距,无法吸引企业积极参与。

(二)大学生创新能力培养的投入需要加强

大学生创新能力的培养,应该着眼于民族发展的长远目标,不断提升和加大对于大学生创新能力培养方面的投入,反对排斥创新理念或杀鸡取卵式地对待大学生创新能力培养问题的做法。如果大学生创新能力培养缺少必要的创新体制机制下的硬件环境,会影响大学生创新能力培养的人才的数量、质量,影响大学生对于创新脑力资源开发的创新环境的硬件支持,就会阻碍创新思想向创新成果转化,延长创新活动的周期,影响大学生创新思路的展开。

大学生创新能力培养的环境等必要的投入对于大学生创新能力培养的现实发展是必不可少的。大学生创新能力培养的全社会观念认同与普及对于增加大学生创新人才产生的概率是成正比的。在大学生创新能力培养的过程中,投入不足或铺张浪费都不利于大学生创新能力培养所需的必要环境与平台的构建以及学生创新人才的产出。

(三)高校教师的培养和发展机制不完善

高校是国家人才培养的重要基地,肩负着建设创新人才强国的重要使命。高校教师发挥着教授知识、培养创新思维、提升创新能力的重要作用。将学生培养成为国家和社会需要的人才需要一代代教师的共同努力,因此教师也需要不断成长和发展,以适应学生日益变化的需求。

面对教学内容、教学方法和教学手段的不断更新,教师的发展却受到了一定的阻碍,原因是高校缺少教师培养和发展的机制,主要体现在具体文件较少、具体措施的实施和长效的激励作用不强。

从教师培养机制的制订看,高校缺乏具体文件和措施促进青年教师的发展。目前,高校对于新教师培养和发展缺乏系统性的培养流程和规划,对于新入职教师的培养方法多是集中培训、参加学术讲座等,未能根据具体学科设定培养计划,导致教师成长速度不一、教学水平参差不齐。

从培养模式上看,教师培养缺乏教学团队的带领。高校对大学生创新能力培养模式的探索较多,但忽视了对教师的培养。青年教师缺乏独自承担科研任务的能力,需要有经验的年长教师进行引导,来提升教学水平和科研能力;而青年教师具备更新颖的教育方法和理念,可以促进年长教师教学方法的更新。高校对于此类"青老互助"等成长模式的探索较少，导致青年教师的培养和发展较慢。

从教师激励机制看，教师发展考核条件相对单一，对青年教师持续发展的激励性不强。高校教师的任务包括教学活动、科研活动和实践活动等。制订合理的考核机制可以极大地提高教师的教学热情。但目前高校对教师的考核存在"论文中心论"的观念，教师发表的论文数量、出版的专著总数等在教师的职称评定、考核中占比较大，而教学成果、学生评价等教学活动占比较小。

二、教师因素

（一）知识结构更新不及时

随着科学技术的进步和新兴产业的发展，新知识和新信息的更新速度也在逐渐加快。身为教育者，如果不能及时更新知识结构，一味地固守老思想、老方法，势必与时代脱轨。

知识是教育者教书育人的根本，树立新的教育观念要依靠新的知识支撑。现代经济社会的发展，以创新为主要驱动力，而要进行有效的创新，不仅要求有足够的知识储备，还要紧跟时代潮流，对新技术、新思想有充分的了解，将创新落到实处、落到社会需要的地方。

然而，目前一些教师，虽然具备高度的责任感和高尚的思想道德素质，但面对新教材时，知识结构显得捉襟见肘，具体表现是教学方法单调无趣，讲解知识时平淡无奇、语言空洞。教育观念是教学行为的先导，而知识则是教学行为的基础。如同有了米才能考虑怎样做饭一样，有了与新时代同步的知识作为基础，教育者才能进一步思考如何在教学中落实新课程理念、培养具有创新能力的大学生。

（二）对大学生创新能力培养的认识不足

大学生创新能力培养在学习专业知识的过程中存在是重视基础知识学习还是重视创新能力提升的矛盾。单纯知识传授的教学方式不能解决大学生创新能力提升的问题，无法达到社会对创新人才的现实标准。专业教育滞后对于大学生创新能力培养的消极影响主要体现在大学生进入社会后不能提供符合社会生产需要的创新内容，解决这一实际问题需要理顺生产和教育互不联系的条块分割，并要与大学生创新能力培养主动打破自我封闭同时进行。

在切实转变教育者创新教育观念和责任心与教学积极性的条件下，专业人才培养方案应该向强化大学生创新能力培养倾斜，如果大学生创新能力培养不能符合社会生产的人才市场标准或国际标准，那么大学生创新能力培养就会受到来自教育者、受教育者和社会生产人才接收部门的共同标准的忽视，就会使大学生创新能力培养存在不足或欠缺，就会使教育者在专业知识教学过程中不注重受教育者创新能力培养的教学设定和目的性引导。如果从专业培养方案到具体课程教学目标设计都缺少大学生创新培养内涵，大学生创新能力培养就会因缺少系统科学的规划与规范而造成专业教学滞后于大学生创新能力培养要求的后果。

（三）大学生和指导教师之间缺乏有效沟通渠道

部分校内指导教师虽然想通过指导大学生创新实践来参与企业的项目，从而提升大学生的专业水平，但是由于每天需要承担繁重的教学任务，难以保证和学生沟通的时间，而且很多学生不知道自己的研究项目该去找哪个指导教师，即使有学生找到了合适的指导教师，有问题时迫于各种原因也不主动去请教指导教师。因此，指导教师和学生之间缺乏有效的沟通方式和渠道，创新能力更无从谈起。

（四）大学生创新能力培养的教学质量尚需加强

大学生创新能力培养需要精准塑造创新能力的环节性细节，其成长式发展应该得到充分实现。从大学生创新能力培养的出发点看，应该引导大学生以辩证唯物主义和历史唯物主义的立场，实事求是地认识客观世界的整体性，以现实主义观点从专业化学科知识出发，启发大学生认识知识对规律的反映，了解知识与人的生存过程的关系，培养大学生对本专业最新知识的学习兴趣，以及与社会发展关系密切的技术需求。

（五）教育评价体系不合理

一方面，教育评价体系是对学校的教学质量、教学内容、学生培养、师资力量等多个方面进行评价，能够帮助高校及时查找教育工作中存在的问题。但受教育评价体系的影响，我国很多高校为了追求较好的评价结果，片面地按照教育评价体系要求对学校教育工作进行规划，这对创新教学行为形成了严重的制约影响，久而久之就会形成思维定式，形成统一化管理，使各大高校都要按照一样的模式去进行发展，最终就会导致趋同化，失去了多样化的个性发展。学生的思维逐渐形成定式，失去了自己的个性与特色，就连思考问题的方式都大致趋同，最终导致学生创新能力培养工作难以获得真正进展，学生创新能力无法实现快速提升。

另一方面，高校的教师考核标准存在问题，将考核重心过度偏向于科研方面，因此许多教师积极投入科研，只是为了得到更好的职称，却忽视了培养学生创新能力对学生未来工作、社会进步和国家发展的重要性。

同时，高校对学生能力的评判标准也有待调整，学校只是按照学生的期末分数进行判定，偏向于学生的应试思维培养，而忽视了学生创新思维的培养与实践能力的提升，使学生缺少了去外面实践锻炼的机会，学生创新思维与能力的培养就会受到压制，不利于其更好地发展。

三、学生因素

（一）大学生学习目的不明确

与高中相比，大学轻松自在得多，尤其是当今信息技术的高速发展，使得相当一部分学生进入大学后感到迷茫，大部分时间沉湎于网络世界，对自己未来没有明确规划，从而导致学习目标不明确。他们学习仅仅是为了应付考试，学习不够主动，而是被动地接受知识。学习态度不端正导致学生创新意识不强，从而影响创新能力的培养。

（二）大学生学习方式单一化

受定式思维的影响，大学生还是以教师讲授知识、自己接受学习为主，缺乏主动获取知识的意识。在这种学习模式下，学生对老师依赖性太强，而自主学习性不高，所学到的知识只是前人已经获得的经验或成果，对学生而言获得的体验不够，很难在此基础上进一步创新和发展。这种单一化的学习方式，往往使得学生被动学习，不善于自觉思考、挖掘问题，最终阻碍了大学生创新能力的提高。

（三）大学生学习动机功利化

我国上千年的科举制度，虽然在特定历史时期发挥了重要作用，但长期以来形成的"学校—考试—做官"的理念，使知识分子读书不是为了追求科学，而是为了升官发财，即自古形成的"学而优则仕"的学习观，限制了大学生创新精神的形成，不利于创新人才的培养。

当今一部分大学生的学习动机也类似于"学而优则仕"，学习是为了个人利益，如为了将来有一个稳定的好工作、出人头地、在某方面有所建树等。因此，学习动机存在外在化和功利性，这影响了大学生的价值观，养成了浮躁的学习心态，妨碍了创新能力的发展。

（四）大学生对创新能力提升的主动性不强

2020年，我国完成了全面建成小康社会的奋斗目标，目前正在向2035年基本实现社会主义现代化的奋斗目标前进。这一目标的实现需要大量的人才储备，国家对创新型国家建设的主力军提出了更高层次的要求。

在国家、社会和高校的共同培养下，新时代大学生的创新意识得到了显著提升。新时代大学生有创新意识，却无法创造成果；有创新思维，却没有掌握创新技法。最根本的原因是大学生对于创新能力提升的主动性不强。

1. 参加创新活动的主动性不高

大学生创新能力提升的最直接方式是参加与专业相关的实践活动。学校会按照不同的专业性质举办相应的实践活动，由于对创新能力培养的主动性不强，部分学生很少甚至不愿参加创新活动。他们认为，创新能力的培养是理工科专业的任务和职能，作为文科专业难以完成创新。其实不然，新的历史形势下，不同学科有不同的发展要求和任务，文科学科如思想政治教育，没有相关的实验室，在实际操作上可能缺乏优势。但类似专业的创新可以从教材编写、教学方法等方面入手，更好地与时代相结合，充分发挥学科的优势和作用。正是由于部分高校学生对于创新能力提升的主动性不强导致其很少参与创新活动。

2. 对创新形式认识狭隘

一些学生对创新的形式认识不到位，认为创新是一流学校学生可能完成的任务，普通学生只要完成规定的学习任务即可；认为创新必须发明有用的东西，否则不能算是创新。这种想法过于片面，创新思维和创新能力的培养不仅会用于学习中，在工作、生活中也有重要的作用。创新的形式是多种多样的，按照学科属性的差异，创新有着不同的定义。大学生对创新形式的误解是导致大学生创新能力提升主动性不强的主要原因。

（五）大学生创新能力培养与个人发展联系不密切

大学生创新能力培养过程中的效果与目标不符，需要认真查找原因。如果大学生创新能力培养过程中，只是完成各自阶段性创新教学，而不解决创新过程的整体知识联系与能力发展的过程性的成长引导与全面对接，就会容易造成大学生对于创新能力的认知局限，形成大学生对于创新观念发展上的误解与误导，造成大学生对于创新能力的片面认识。

同时，如果大学生创新观念限于环节性束缚，缺少大学生创新能力发展所需的内在与外在的动力支持，就会使大学生的创新能力受到消极影响。大学生个人发展规划具有目标的导向性功能，应该通过鼓励大学生树立自我创新目标加速大学生创新能力培养过程中的自主发展。深入分析就会发现，实际上大学生个人发展规划的出发点的不同，也会对大学生创新能力的培养产生不同的影响。

历史经验证明，只有引导大学生在创新能力培养过程中坚持实事求是的辩证唯物主义和历史唯物主义观点看待自我发展规划与大学生创新能力培养的关系，才能更好地调动大学生创新能力培养的积极性。

（六）大学生参与实践创新存在客观限制

大学生创新能力培养过程中需要兼顾处理好普及专业底蕴基础教育与个性化创新能力发展之间的矛盾。在大学生创新能力培养过程中促进受教育者的个性创新特征能力化，使受教育者的创新能力卓越发展不是一件容易的事情，而教育者自身因材施教的能力、教育者对大学生走出校门的创新实践的正确指导等方面也都存在着一定的难度。

教育者创新素质能力水平对于大学生创新能力培养关系密切。如果不能很好地解决教育者在大学生创新能力培养中应该发挥的作用，就不能很好地实现因材施教的教育效果。要想促进大学生个性创造能力的发展，就需要解决大学生潜能、兴趣、心理、学习动力调动与思想观念状态等方面的差异性的调整，并根据学生的个体差异提高大学生创新能力与实践能力发展的针对性。应该在遵循创新教育规律和大学生身心发展规律的基础上，发现大学生创新能力提升的个性化特质，并引导大学生调整脑力资源状态，使大学生建立可以到达全方位创新状态和全天候科研领域与实践生产领域的自主思想引导路径，最终形成对创新能力的整体性认识。

四、外部环境因素

（一）家庭因素

家庭环境对大学生创造性人格的形成具有显著的影响，家庭的教育方式、家庭成员之间的相互作用以及父母对孩子的关注和期望都影响着大学生创新能力的培养。

1. 家庭教育方式

根据父母对待孩子的情感态度和控制程度，家庭教育方式可分为4种：专制型、溺爱型、自由放任型以及民主型。

专制型的家庭教育方式让孩子经常处于被动、压抑状态，表现为顺从、懦弱、缺乏自信，缺乏独立判断的能力。

溺爱型的家庭教育方式教育出来的孩子表现为自私、任性、缺乏责任感，思想上较为懒惰，缺乏创新意识。

放任型的父母对孩子缺乏基本的关注与了解，很少与孩子沟通交流，忽视了孩子的内心世界和需要。孩子从小缺乏教育和关心，往往性格内向孤僻，兴趣狭窄，缺乏理想和追求。

民主型教育方式更多地强调让孩子尝试参与各种活动，从而激发孩子的创新潜能。在这种教育方式下，父母更愿意聆听孩子的想法，非常重视与孩子之间的沟通交流，鼓励孩子养成独立思考的习惯，做自己感兴趣的事，使孩子从小具有较强的独立意识，有利于孩子创新能力的发展。

由此可见，营造民主和谐的家庭氛围有利于促进创新思维的形成。历史上不乏这样的创新者：爱迪生（Edison）在14岁就有了自己的企业；比尔·盖茨（Bill Gates）中学时期就想要发展自己的计算机天分，22岁从哈佛大学辍学成为微软公司创始人。这些人并不是所谓的天才，而是从小在家庭氛围影响下，形成了敢于冒险、好奇以及独立的性格。这些性格正是创新能力发展不可或缺的因素。

2. 家庭对孩子的关注与期望

一个家庭中当迎来第一个孩子时，父母往往会给予最多的关注和重视，在各方面给子女创造最好的条件，有利于孩子全面发展，激发创新潜能。研究显示，很多杰出的科学家以及诺贝尔奖获得者都是长子或长女，可以间接说明家庭对个人的关注有利于孩子创造力的发展。

此外，父母也要树立正确的人才观，父母都希望孩子能够成才，"望子成龙、望女成凤"的想法可以理解，但是要对孩子有一个客观、清醒的评价，不要对孩子抱有过高的、不切实际的期望和要求。当孩子表现不是很理想的时候，家长要给予鼓励而不是斥责。这样，孩子才能养成不畏惧失败、积极乐观的品格，这对于创新能力的发展是非常必要的。因此，家庭对孩子的客观、合理的期望也是影响后天创新能力发展的重要因素。

总之，父母是子女的第一任老师，父母的情感态度、言语行为、思维方式以及价值观直接影响着子女的成长。家庭承担着培养大学生创新能力的责任，要为孩子营造一个民主、和谐、自由宽松的家庭氛围，关注孩子的成长，引导并尊重孩子的个性发展，重视孩子创新精神的发展，使家庭成为孕育大学生创新能力的有效场所。

（二）政府因素和社会因素

应整合中央和地方激励大学生创新实践的资源以利于大学生创新能力培养成果付诸社会现实。不改变大学生创新扶植政策和制度现状会影响大学生自主运用社会创新资源能力的提升。

大学生创新能力培养的社会出口对于大学生创新能力培养既是一种检验，又关系到后续在校大学生创新能力培养持续性发展的问题，既可以检验专业性知识应用契合社会实际发展的程度，又可以避免大学生创新能力培养脱离社会发展需要而变为"空中楼阁"。大学生创新能力培养如果不能很好地建立与社会提供的创新机制和政策支持的联系，创新活动就会出现中断。通过正确处理大学生创新能力培养过程中遇到的问题，可以从现实的角度检验大学生创新能力培养的水平，以及现行教育方针和政策对大学生创新能力培养的促成关系，发现大学生创新能力培养的阻力所在或者需要排除的障碍性因素。

同时，应该促成社会对于大学生创新能力发展的政策方面和制度方面的利于大学生创新能力发展的相关扶植措施的完善和科学化。消除管理重叠或者管理真空对大学生创新能力培养实践的不利影响，建立高校与社会统一的利于大学生创新能力培养的环境，使之朝着利于大学生创新能力培养的目标与方向进行调整。

综上所述，除了大学生个体自身的知识结构、心理因素、学习能力以及思维方式这些内部因素，来自社会、家庭和学校的这些外部因素同样制约着大学生创新能力的培养。大学生创新能力的培养，直接关系到中华民族未来的整体素质。因此，对大学生的素质教育应引起高度重视，努力提高大学生的创新能力，不仅是国家兴旺发达及增强民族创造力的重要保证，更是建设创新型国家的必然选择。

当前，在信息化的知识经济时代，我国致力于构建创新型国家的进程中，大学生创新能力的培养不仅依赖于大学生个人的努力，还需要社会和家庭的支持，而这一能力的培养也是学校所担负的使命与职责。只有在个体、社会、家庭和学校的共同参与和共同努力下，才能使大学生的创新意识、创新精神、创新思维和创新能力得到充分启迪和激发，使之肩负起中华民族伟大复兴的历史重任。

第三章　大学生创新能力的形成机理

大学生创新能力的形成机理是一个引人深思的课题，它涉及多个学科领域的理论，其中包括脑科学理论、思维科学理论、创新心理学理论以及马克思主义科学实践观。脑科学理论研究大脑的工作机制和思维过程，为了深入理解大学生创新能力的形成机理，要了解大脑在创新过程中的作用和影响因素。思维科学理论则关注个体的思维方式和思维能力的培养，通过探索不同的思维模式和技巧，可以促进大学生创新思维能力的发展。创新心理学理论则着眼于个体内部的心理过程，研究创新能力的培养和发展策略，以及创新个体与环境的互动关系。马克思主义科学实践观则强调实践对于创新能力的重要性，通过实践，大学生能够将理论知识与实际问题相结合，提高创新能力的应用水平。本章主要围绕脑科学理论、思维科学理论、创新心理学理论以及马克思主义科学实践观等内容展开研究。

第一节　脑科学理论

一、脑科学理论基础

随着科学发展日新月异，人们开始关注自身的智慧之源——大脑，脑科学的研究有了长足发展。人脑作为人体最重要的器官，其结构和运行机制引起了人们的兴趣。为此，科学家凭借先进的科技手段，利用生物学、生理学、心理学等相关学科的知识，开始了对人脑的深入研究，目前取得的成果如下：美国全脑思维之父奈德·赫曼（Ned Herrmann）提出了"全脑四分模型学说"；美国哈佛大学教授、世界著名教育心理学家霍华德·加德纳（Howard Gardner）提出了"多元智能理论"；美国心理生物学家罗杰·斯佩里（Roger Sperry）提出了"左右脑分工理论"。

（一）全脑四分模型学说

1970年，奈德·赫曼根据自己对创造力的体验，投入大脑思维能力的研究中。1976年，他发表了"全脑四分模型学说"（简称HBDI），认为人的大脑的功能区可以划分为四大象限，每个象限都有其主导的思维模式和风格，这四个象限是相互联系、相互作用的。赫曼用一个小棋盘比喻四大象限全脑模型。其中，第一象限代表直觉的、整体的、联系的、解释推理的，第二象限代表逻辑性强的、分析的、重事实的、强调量化的，第三象限代表有条理的、循序渐进的、重规划的、重细节的，第四象限代表善交际的、重感觉的、重运动感受的、情绪主导的。通过这个生动的比喻，我们明白了大脑的思维网络是由大脑及边缘系统几个思维部位组成的。赫曼进一步指出要想下好这盘棋，就要充分动用这四个象限的所有棋子，关注它们之间的相互联系，这样才能全面调动大脑思维，提高人的综合素质。

（二）多元智能理论

多元智能理论是霍华德·加德纳于1983年在他的著作《智力的结构：多元智能理论》中提出来的，后经过两次修订完善，在世界各国产生了深远的影响。该理论通过对人类的智力结构进行划分，对"智力"进行了重新定义。人类至少拥有九种智能：一是语言智能，二是音乐智能，三是逻辑数学智能，四是空间智能，五是肢体的运作智能，六是人际智能，七是内省智能，八是自然观察智能，九是生命存在智能。多元智能理论显示人的智能可以通过后天培养加强，每个人都有发展多元智能的潜力。只是由于遗传因素、环境因素和个人兴趣等的影响，每个人的智能水平发展有所不同。多元智能理论提倡人的全面发展，但这种全面发展并不是使学生在每个智能方向上都齐头并进、平均发展，而是要按照学生个人意愿，根据自身的差异性，在具备全面、合理的知识结构的基础上，有所侧重地在某一个或几个方向上深入发展，获得成就。

（三）左右脑分工理论

20世纪50年代，加州理工学院的美国心理生物学家罗杰·斯佩里博士进行了大量的分割大脑的实验，以此来研究大脑两半球的各种机能。实验发现大脑左右半球的分工是不同的：左脑支配右半身的神经和感觉，包括右耳、右手、右脚；右脑支配左半身的神经和感觉。深入研究发现，大脑的左右半球的思维方式完全不同：左脑长于逻辑思维能力、记忆力等理性思考和行为，偏向用语言、逻辑性、数学、推理、分析进行思考，是学术脑、语言脑；右脑则是艺术脑、创造脑，以图像、音乐、韵律、情感、想象、创造等感性思维进行思考。该理论被称为大脑不对称性的"左右脑分工理论",斯佩里也因此荣获了诺贝尔生理学或医学奖。

二、大脑结构及脑区功能

大脑是人体最复杂、最庞大的生理控制系统,是获取人体感知、思维、记忆等一系列活动的中心,也是人类神经中枢系统中最高级的部分。大脑由左脑半球和右脑半球构成,中间是交错的神经纤维,人脑两侧功能并不对称,脑功能集中于一侧是人脑认知的重要特征,在医学上被称为大脑优势。左脑半球与处理逻辑、记忆、意识有关,而右脑半球主要和空间技巧相关,负责理解空间、艺术、想象、灵感等,左脑和右脑相互协作,相互调节,共同完成人体机能的一切生命活动。大脑在宏观结构上沿脑中线分为左、右半球,是人类所拥有的各种器官中复杂性最高的一个,也是地球上最复杂的系统,其中包含的中枢神经系统控制着机体基本运动、产生感觉、脑的高级功能实现等各项活动。大脑在位置上,处于机体脑构成的最上方,掌管和调控各类中枢系统,控制着言语、书写、思考、创新等存在于人类生活中的各项活动,相当于机体的指挥部。脊椎类高等生物在胚胎发育过程中,神经管细胞的尖端有一个凸起部分,经过后期不断生长发育形成大脑的左右半球,由内而外可以分为脑核、脑缘、大脑皮质三大部分。

常提到的大脑一般由大脑、小脑、间脑和脑干组成,其中间脑可分为丘脑和下丘脑,脑干又可分中脑、脑桥和延髓,大脑表面充满沟壑,胼胝体将左右半球连接起来,形成完整的脑结构,在大脑皮质下还充斥着由许多神经纤维构成的髓骨,实现信息传递输出的功能,大脑的最下方为延髓,其次是脑桥、中脑、小脑,再之后是垂体、下丘脑以及丘脑,这些结构存在于各自的腔室内,最上方是覆盖在两个半球上的皮层,皮层表层主要为灰质,中层为白质和神经纤维,皮层具有调节机体的最高中枢系统,同时也调节机体的其他活动。大脑皮层遍布于大脑的最外面,主要由覆盖于大脑表面的灰色物质、神经元的细胞体等组成,而皮层的最深部由神经纤维所形成的质或白质层组成,平均厚度在 $1.5 \sim 4.5$ 毫米,由于各种神经细胞均集中在皮层上,因此皮层的不同地方制约着机体的各种功能。也有研究人员把人类大脑皮层按功能加以分组,主要分为听觉、视觉、语言、嗅觉、感觉、运动等功能区。人类在进化过程中不断适应生存环境,大脑结构和功能也随之完善,人类逐渐拥有了思考能力和意识选择功能,这也是区分人类与其他动物的重要标准。大脑皮层以沟壑的形式排布,极大地增加了皮层的面积,面积越大其上能附着的神经细胞就越多,功能就越丰富。

脑核控制着日常活动，包括呼气吸气、心脏跳动、沉睡清醒、维持平衡、机体运动等。脑缘部分处理着机体的行动、情绪、记忆等需求，同时还能调节体温、稳定血糖和血压，维持其他的日常生活功能需求。大脑皮质则与人体除基本的生活需求之外的更高水平的功能有关，主要涉及情绪感知和认知功能，占整个大脑的面积最大，可以分为两个大的部分：左脑和右脑，其中又可以细化分为四个脑区：额叶、顶叶、颞叶及枕叶。额叶处于前段部分，在中央沟与外侧沟之前，前段部分分为额上沟、额下沟，其间分布区域按上下的位置顺序命名为额上回、额中回、额下回。前段部分也称额极，底面分布着直回、眶回，内侧深处包含的较深的沟壑为嗅束沟，沟内包裹着与嗅觉功能相关的嗅束、嗅球。额叶的复杂结构使其具有多种功能，其与问题思考、行程计划、个人情感、自身需求等控制功能有关。顶叶处于中间部分，在中央沟之后，中央后回位于顶叶枕与叶枕分割线和楔前叶分割线前。皮层横向分布的顶间沟横贯顶叶，将其进一步细分为上、下两个小叶。顶叶主要参与机体感觉系统的功能建立，具有疼痛反应、触觉感受、冷热反应、压力反应等感觉回应，同时枕叶也与数字计算、逻辑推理等更高水平的功能存在密切联系。颞叶处于耳上两侧，在外侧沟之下，由颞间相交叉的沟壑分为颞上回、颞中回、颞下回，其中颞横回隐于外侧沟中。常提及的海马回位于侧副裂与海马裂之间，其中位于海马裂上半部分的尖端存在钩形区，即为海马钩回，与听觉整合相关，能够存储记忆、识别感情。枕叶处于后半部分，在枕顶沟之后。其处于外侧的部分相对较小，同时沟壑的排列不确定。在内侧面，距状裂和顶枕裂之间为楔叶，与侧副沟后部之间为舌回。枕叶能够对获得的视觉信号进行处理，除此之外还与语言表达、动作控制、抽象概念的形成相关。不同的大脑区域映射着不同的生理和心理活动机能，想要实现正常的活动，就需要大脑各个功能区相互协调、相互协作。

三、脑科学理论对大学生创新能力培养的启示

大脑是人类特有的拥有智慧以及巨大潜力的器官。随着社会的进步和技术的发展，特别是计算机技术的发展，人类认识大脑并实现对大脑运作机制的研究成为可能。近年来，脑科学使用多种技术手段探究验证了大脑活动的生理基础并解释了大脑运作特别是学习与记忆上的运作机制。

脑科学研究表明：创新能力的发展是左、右脑共同合作的产物，也就是说创新能力建立在知识基础和生理基础上。当个体积极主动地集中在某项工作时，大脑神经会释放令个体快乐的多巴胺和血清素，脑科学还发现在人类大脑中存在与

道德相关的脑区，道德意识的形成与人类大脑的成熟有着密切的联系，大学时期是道德形成的发展期。脑科学认为学习是在外部信息刺激下重构神经网络的过程。创新教育最基本的作用是传授学生创新知识和培养学生创新能力。脑科学对于学习机制的发现有利于我们强化创新教育成果。

开发右脑的巨大潜能是大学生创新能力培养的重要方向。为了使大学生的左右脑平衡、协调地发展，并发挥出最佳的创新思维能力，必须高度重视右脑潜能的开发。脑科学研究对大学生创新能力培养的启示主要体现在以下三个方面。

（一）重视左右脑的协调发展，使大学生创新性地学习和思考

在当今时代，高科技的迅速发展使得左脑的许多功能，如计算和书写等，逐渐被计算机和其他智能设备所替代。如果人类不能在计算机无法触及的领域，如想象、直觉和综合判断等方面充分发挥右脑的功能，那么大脑的协调发展将受到限制。

因此，应更加重视右脑功能的开发和训练，通过开展各种活动和实施创新教育来促进右脑功能的发挥。实际上，创新教育的核心目标就是促进大脑系统的平衡和协调发展，确保人类能够充分发掘自身的潜力并适应不断变化的社会环境。

（二）探索促进左右脑协调发展的教学方法

在改革教学方法时，需综合考虑左右脑，使其在学习过程中得到同步、协调的训练。当左右脑思维不同步、大脑新旧皮质不协调时，人们会感到不舒服、注意力分散、工作效率低下。只有左右脑同步、新旧皮质平衡协调时，大脑才处于最佳工作状态，人们感到心情舒畅、头脑清醒、学习效率高，这时是发挥创新思维的最佳时机。

因此，在教学过程中，教师要善于应用语言信息和非语言信息来"刺激"大学生的左脑和右脑，同时，要根据大学生的语言信息反馈和非语言信息反馈及时调控教学过程。

（三）开设有利于右脑开发的课程

高校可以通过开设思维训练、创新学等课程，将这些原理和方法系统地传授给大学生，帮助他们更好地开发右脑思维。此外，高校也可以通过开展校园文化活动，引导大学生积极思考，拟定最佳活动方案，并辅以"动手"的比赛项目，让大学生在活动中有意识地使用左手来促进右脑的开发。这样的活动不仅可以提高大学生的创新能力，还可以增强他们的实践能力。

第二节　思维科学理论

一、思维的概念

"思维"早就被人们所认识，可追溯到古代。"学而不思则罔，思而不学则殆"的辩证逻辑关系是孔子提出来的；20世纪最伟大的物理学家爱因斯坦（Einstein）认为想象很重要，他认为就某种意义来说，思维世界的发展就是对惊奇的不断摆脱；"灵魂的自我谈话"是古希腊伟大的哲学家柏拉图（Plato）认为的思维。如今，随着不同学科（哲学、信息论、生理学和心理学等）的研究，思维科学理论体系更加完整、丰富。各个学科对思维的研究方法不尽相同，自然对思维的理解也不同，很难有统一的概念来界定。从哲学角度来看，思维是主体的行为，是思维意识的表现形式。哲学主要研究的是思维和存在的关系，因此从哲学认识论的观点来看，思维是在大脑中展开的、对事物的理性分析的过程。从信息论看，思维是大脑获取信息，再经过其处理加工，最终由其输出信息的过程，即经过思维获得有效信息。从生理学来看，思维是一种高级生理现象，研究发现思维活动与脑电波的快波有关，因此认为思维是大脑皮层的电活动。从心理学来看，思维是人类特有的心理特征，是人的意识活动的产物，意识是人脑对客观存在的物质世界的能动反映，而思维和语言是意识的核心。

综上所述，思维是具有意识的人脑对客观事物的能动反映，具有概括性、间接性的特征。它以感性材料为基础，上升到理性认识，并进一步加深对感性材料的深刻理解。人通过思维以感知为基础，形成对客观事物的本质属性、内部规律和事物之间的相互联系的认识，也就是说思维是一种依靠揭示所认知的客体和现象之间所存在的联系，对客观事物加以概括和间接认识的心理活动。

二、思维理论基础

（一）建构主义理论

从知识观的角度来看，建构主义认为，知识不是客观存在的被人发现的东西，而是人在实践活动中面对新事物、新现象、新信息、新问题所做出的暂定性的解释和假设而已。它会随着人类认识客观世界的不断深入而升华。因而，我们要用批判的视角来看待客观世界，用不断发展变化的眼光来审视知识。在教学中我们应该营造宽松民主的学习氛围，关注学生思维认知的差异，鼓励他们在充分感受与鉴赏的过程中进行辩证思考与富有创意的个性表达。

从学生观的角度来看，建构主义认为，作为学习的主体，学生不是被动的信息接收者，而是在充分重组已有知识经验，吸纳新内容之后的意义建构者。所以说，学习不是被动刻入信息的过程，而是主动建构知识的过程。由此，在教学中，我们要摒弃"满堂灌"，积极引导学生通过不同的思维活动来主动获取知识，我们要善于创建交流与质疑的自由场，倾听学生的心声，让他们敢于质疑、乐于质疑，给他们的思维提供充裕的时间和广阔的空间。唯有这样，学生才会主动去探求知识的意义，知识才能真正被"消化吸收"。

从教学观的角度来看，建构主义认为，知识只有在具体的情境中才能真正被人理解，如在古诗文的教学中，学习情境不仅指氛围营造，它还可以是教学内容的有效取舍、教学资源的融合等。教师应善于利用生活中丰富的学习资源和社会实践机会，为学生创设真实而富有意义的学习情境，支持学生多角度地思考问题。

总之，建构主义学习理论为思维科学理论提供了有力的理论基础，也为在教学中发展学生思维能力、优化思维能力评价等方面的探索指明了方向。

（二）思维心理结构理论

课堂教学中，最容易被忽视的就是学生的思维活动。由于学生的思维结构具有差异性，所以教师应当依循学生思维心理的年龄特征做出及时调整。思维的材料分为两类：一类是感性的材料，包括感觉、直觉、表象等；另一类是理性材料，包括概念、推理和证明等。思维过程的本质就是一种信息加工的过程，为了完成信息的接收、存储、处理和传递，离不开表象感知、联想想象等形象思维要素和分析综合、判断推理等抽象思维要素的协同配合，与此同时，还要关注思维的自我监控以及非智力因素的影响。换句话说，在教学中，不仅要关注学生对思维材料进行感性或理性的思维操作能力，还要关注学生本身的学习动机、兴趣、情感、意志等非智力因素的交叉作用。在教学阶段，学生的形象思维依然不容忽视，唯有发展好形象思维能力，学生的抽象思维能力和创造性思维能力才能得到切实提升。教师万不可一味放任"形象"而去追求"抽象"，也不可陷入应试的枷锁中，忽视学生学习的主观能动性和对学生的思维训练。

三、思维与大学生创新能力的培养

思维是一种创新技术，任何人、任何地方都可以采用，而且成本很低。大多数人认为创新需要一个人成为艺术家或具有高度创造力。这时创造性的想法被简单地定义为在特定的社会环境中既新颖又有用或有影响力的想法。其实思维和创新被误解了，许多人认为当出人意料的想法突然冒出来时创新就会发生，或者创新需要一定的创造性人格类型或良好的团队协作。虽然这些条件对创新的发生是有利的，但思维是一种更广泛的包容性方法。创新的思维方法结合了意图、探索和不同群体的观点。参与的人应该有一个开放的心态，愿意为了学习而失败。更多的大脑致力于一个问题，能够从不同的角度关注这个问题，并产生多种可能的解决方案。不同的群体可以思考和解决复杂的问题，即使他们以前没有遇到过这个问题或者关于这个问题的信息或背景有限。要想加强大学生创新能力的形成与培养需要加强大学生创新思维的培养。创新意识和创新思维是"三维根基"中的第一维度，要以创新意识为基点、创新思维为核心，从理论上引导大学生。加强创新思维的培养主要从以下三个方面入手。

第一，摆正对"创新"的认识，培养创新意识。创新的内涵在不同时期有不同的变化，随着我国改革的不断深入，创新已经成为内涵丰富的时代精神之一，创新的内涵也从狭义的发明新东西、创造新事物，延展到科学上的发现、体育竞技中的突破等。

高校对于大学生创新意识的培养尤为重要，首先学校要明确不同专业在创新上的不同表现，紧随国家发展和社会需求不断丰富创新内涵，增强学生的创新意识。同时从高校层面加强大学生对不断发展的新兴技术、复杂多变的网络环境的处理能力，对纷繁复杂的数据信息的筛选能力，培养大学生敏锐的观察力及发现问题和独立思考的能力。在专业知识的学习方面，大学生要牢牢掌握本专业基础知识，为创新意识的培养奠定知识基础。

第二，培养创新精神。创新精神包括观察力、意志力、坚持力、创新激情等多个方面，是创新思维转化为创新成果必不可少的部分，是创新能力培养的情感动力。缺乏创新精神会在创新行为实施过程中缺少坚持力，最终导致成果难以展现，因此培养大学生的创新精神尤为重要。创新精神的培育主要有内在和外在两个方面。创新精神的内在培育主要依靠大学生个人，新时代大学生作为独立的人具有主观能动性和自主选择性，因此在学习生活中要有意识地增强创新精神，知识学习与精神培育齐头并进，通过同辈相互辅导、参与课外实践、构建师生沟通桥梁等方式磨炼创新意志，增强实践毅力、加强抗压力等。创新精神的外在培育主要依靠高校。

首先，高校要树立培育创新型人才的目标，积极落实教育改革，对大学生创新精神进行积极引导。高校是大学生获得知识和教育的重要场地，而课堂教学又是最重要的环节，因此，高校在课程设置上要融入专业前沿教育，做到专业知识与时俱进，不断更新。在教师素养方面，要求教育者明确创新教育的目标，提升教育的趣味性和可操作性。

其次，高校应提供课外实践帮助大学生树立创新精神。大学生只有树立正确的创新观念和创新精神，才能更好地学习到创新方法和进行创新活动。除课堂学习外，课外实践也是高校创新教育的重要部分，高校在课外实践环节要发挥引导作用。

第三，树立创新思维。创新思维是人在对现象分析后产生的一种有意识的思考，是创新能力培养的核心。树立创新思维对新时代大学生创新能力的培养至关重要。从大学生自身因素来说，树立创新思维首先要有扎实的知识基础，在了解知识的前提下可以对本专业发展前景和未来发展空间有更好的见解；要有独立思考的意识和能力，要有强烈的问题意识，在日常生活和学习中要能够跳出"舒适圈"，摆脱思维的固化，有意识地观察和思考问题，多问几个"为什么""怎么做"，寻求解决问题的不同方式。加强创新思维的培养，是大学生创新能力培养的首要环节。

第三节　创新心理学理论

人之所以产生心理活动、有意识，从其生理基础来说，是因为有了一个发达的大脑，大脑是人的心理活动和精神世界的物质载体。而创新心理学是研究创新心理活动及其规律的一门学科，遵循人的心理活动整体性的原则。

一、创新的心理过程

关于创新的心理过程，国外的专家做了较多的研究，加拿大内分泌学家汉斯·塞利（Hans Selye）曾把它与生育过程相类比，提出了一个意味深长的"七阶段"模式：恋爱与情欲，指科学家追求真理的强烈愿望与高度的热情；受胎，指发现问题、提出问题以及资料的准备；怀孕，指科学家孕育着新的思想，开始时，其至科学家自己也可能没有意识到;痛苦的产前阵痛,这种独特的"答案临近感",只有真正的创新者才能感受到;分娩,令人愉快和满足的新思想终于诞生;查看和检验,像检验新生儿一样,使新思想受到逻辑和实验的验证;生活,新思想受到考验并证明自己的生命力后,便开始独立于生存,且有可能被广泛接受。

二、创新心理的概念

创新心理是指主体在一定需要与动机的推动下,从事创新实践活动的、带有倾向性的内心状态。除了一般的心理内涵,它还具有自己特定的创新心理结构和技能,创新心理结构主要是指创新意识、创新精神、创新思维、创新能力、创新人格等五个要素,其中创新思维是创新能力的核心。创新心理学的理论提醒我们,实践并不能单一反映出一个人的创新能力,在创新能力的评价层面要考虑到人的创新意识、创新精神、创新思维和创新人格,由此看来创新能力是一个综合的能力。对学生的创新能力的培养要从多方面入手。

三、大学生创新心理对创新能力的影响

(一)大学生创新心理素质与创新能力的关系

有关创新心理素质与创新能力二者的关系问题,有许多不同的认识。一个世纪前,许多学者认为天才或创造力是建立在心理失调的基础上的。还有人认为在大多数情况下,天才是在完成杰出成果以后,才表现出心理异常的。目前的研究已经更多地表明,提高一个人的心理素质水平能够促进其心理健康和个性全面发展,是培养一个人的创新能力的前提条件和重要内容。

创新的发展与大学生的心理素质、心理健康状况是有密切关联的。我国著名心理学家王极盛教授曾经通过对学生心理健康状况的调查得出心理健康与创新心理素质具有紧密的联系。他的这一观点大致可以概括为,心理素质良好的人,他们的创新意识和竞争意识较高于心理素质较差的人。适应能力与创新能力存在一定的关系,适应能力能够对创新能力起到一定的预测作用。

心理素质与创新能力的发展紧密相连。良好的心理素质能为大学生创新活动的顺利发展提供必要的前提条件,反过来,创新能力的发展又能提升大学生的心理素质水平,二者相辅相成。

因此,高校在实际工作中,应大力加强大学生心理咨询机构建设,把心理素质教育和创新教育结合起来,全面培养和提高大学生的创新心理素质,力求培养出心理素质良好和具有创新精神的新一代大学生。

（二）大学生创新心理素质对创新能力的作用

创新是一条充满坎坷的艰辛之路，需要大学生具有开拓创新、不惧艰苦的创新心理素质，而大学生自身良好的心理素质显然对创新起到了积极向上的重要推动作用。

首先，良好的心理素质可以有效帮助大学生树立正确的人生观和价值观，帮助大学生在当今复杂的社会现实下主动摒弃为己、求荣的心态，运用自己的科学知识和文化，努力开拓创新，积极履行服务社会、服务人民的使命，培养大学生乐于奉献的人格力量。

其次，良好的心理素质在一定程度上可以使大学生在潜移默化中形成高尚的道德情操和高品位的人格修养，能在创新活动中形成独特的人格魅力。

最后，良好的心理素质还可以使大学生在创新活动中磨炼意志力，养成他们认真、严谨的作风以及积极进取、勇于开拓的创新精神，使大学生在创新活动中能坚持不懈，勇攀高峰。

另外，从心理学的角度来看，创新心理素质对创新起到的作用仍然意义重大。心理学揭示的关于掌握一般单一技能应当注意的重要条件，同样适用于属于特殊综合技能的科技创新技能。在这些条件当中，无论是技能训练目的的确定、技能训练方法的选取，还是随时了解技能训练的效果、技能训练时间的分配，都与心理素质方面有着紧密的关系。

因此，无论从哪个方面看，大学生良好的创新心理素质的培养，对创新活动和创新能力都会产生积极的作用，高校将承担着大学生创新心理素质养成的重要责任。这也是高校面临的一个严峻挑战，高校应结合大学生的实际，积极开展相关研究，为建设创新型国家的历史重任而积极贡献力量。

第四节 马克思主义科学实践观

一、马克思主义科学实践观的含义

（一）实践是人的类生活化的对象性活动

要理解实践是人的类生活化的对象性活动，首先要说明何为"人的类生活化"。起初德国哲学家路德维·列斯·费尔巴哈（Ludwig Andreas Feuerbach）用"类"这个概念来区分人与其他自然物时，认为人产生意识的标志就是认识到自己的本质性，也正因为人有了意识，才与动物有了最根本的区别。

人就是在自我的意识中，察觉到了自己作为"类"的共同性是思维、意志、心灵，并通过这种意识与现实的人和对象之间彼此联系。但是马克思通过德国哲学家费尔巴哈所阐发的"类"概念，看到了人的另一种"类本质"，那就是劳动。马克思将劳动表述为一种人的类生活化的对象性活动，劳动所具有的二重性质与人的意识所体现的二重性质是一致的，人通过劳动不仅可以直接观察自身的活动并创造劳动所需的客观世界，而且可以能动地实现这种二重化。

马克思的这一论述表明人的"对象性"有了实践的现实力量，不只是通过意识或者爱来连接自然、与他人的关系。在此基础上马克思进一步说明了人与其他自然物的区别，那就是动物没有实现自己生命活动意义的能力，动物的行为都出自本能的需要，不会意识到自己作为某种生命体对它自己的存在有进行思考的能力。而人则将自己的生命活动赋予更高层次的意义，人的生命活动不仅出于本能，还出于一种能动的意识，这种意识使人内在的认识自我和思考的对象，并且意识到自我是一种具有特殊属性的类存在物。

由此可见，人作为一种对象性的存在物，通过实践这种对象性的活动，不仅体现了自身的本质力量，而且体现了人作为"类"的本质，因此这种改造对象世界的活动，是一种人的类生活化的表现。所谓"对象性活动"，就是人要将区别于自身的对象，改造成"为我的存在物"，这就必然要把人自身的属性对象化，这样才能将自然力量转化成一种"为人所用"的自身本质力量。

马克思指出，当一切拥有自然力的人将自身本质力量异化为与自己相对立的对象时，这种设定并不是由主体决定的，而是由被异化的本质力量的主体性所决定的。所以人用自己的主体力量所进行的活动同时也是一种对象性的活动，人们在进行对象性活动时，所面对的存在物是客观存在着的，所以它所包含的对象性的特征使这些存在物也是在客观地活动着的，只因为它本身也是自然界的一部分。

因此，马克思并不是将实践孤立地看作人的某种自我运动，实践在主体性和对象性的活动中彼此证明，二者并不是简单的对立关系，由此揭示出实践的一个本质属性，那就是与作为对象性存在物的人互为对象。

（二）实践是与对象化世界相互作用的感性活动

关于实践是如何在现实世界中发挥作用的，马克思认为这与人如何表现自己的生命形式有关。人不能凭空地在精神意志的层面表现自己的生命形式，只有通过某种存在于现实中的感性对象，或者说将这种对象作为参照物，人才能表现自己的生命形式，而这个对象所具有的自然或感性的特质，同时也内在地存在于人自身的生命形式中。

与动物的本能活动相比，人类的活动是以对象化的物体为参照的，人在进行实践活动的时候，并不仅是因为要获取生存资料或是出于本能的反应，还包含了人通过实践活动来达到实现自我生命价值的意义。实践活动体现了人类自身所独有的能动性，马克思正是看到了这一点，所以在新唯物主义范围没有将实践理解成简单的吃喝，而是看作一种与对象化世界相互作用的感性活动。在这个活动过程中，物质化与精神化同时存在，由于精神化的主观性和局限性，使其不能直接作用于现实世界，但通过某种物质化的手段又可以使现实世界发生变化，从而引起观念、思维的变化。

因此，马克思说："这种活动、这种连续不断的感性活动和创造、这种生产正是整个现成的感性世界的基础。"[①] 人作为实践的主体，同时也是感性的对象，在对象性的活动中不仅肯定自我，同时也通过占有对象进行能动活动，这是一个双向的过程，在改造对象的同时也改造自己。因此，人所创造的物体最终都会打上属人的印记，而人也只有通过现实世界中的对象性物体才能进行实践活动，这是构成感性世界的基础。

因此，人的对象性特征决定了人是一种受动的存在，而人的创造性特征又表明人是一种能动的存在。在社会中，人的存在通过人的活动表现出来，人的现实存在就是人正在进行的活动，人也通过在社会中的活动证明自己的存在。因而不仅是社会在这样的形式中不断发展，人与人之间的关系也因为这种形式处在不断更新和发展当中。马克思的创新之处就在于把对象性理解为"对象性的活动"，并将费尔巴哈的感性对象性原则运用于作为实体的存在中。人之所以能够作为对象性活动的存在物，是因为对象性活动的产物是人所进行对象性活动的证明，并且自己也被这种对象所规定，表明现实的活动是"对象性的、自然的存在物的活动"。[②] 这种在对象中确认自身本质的活动就是"对象性活动"。马克思由此看到了被费尔巴哈忽略的所谓"活动的能动"的因素，将费尔巴哈的感性原则上升为对象性活动，将"实践"的哲学含义又向前推进了一大步。

---

① 中共中央马克思恩格斯列宁斯大林著作编译局.马克思恩格斯选集：第1卷[M].北京：人民出版社，1995.
② 中共中央马克思恩格斯列宁斯大林著作编译局.马克思恩格斯文集：第1卷[M].北京：人民出版社，2009.

二、马克思主义科学实践观的特征

（一）自然存在性

人的实践活动离不开自然界，人的实践活动必须承认自然界的优先地位。因为自然界为人的实践活动提供了最基本的物质资料，使客体的存在通过实践的方式变成主体的需要，以此实现人的生存和发展，而若离开自然去空谈实践，那么人类的实践活动将会毫无根据，变成无源之水、无本之木的谬论，因此，自然界是人类实践活动的前提和基础。

（二）直接现实性

马克思认为，无论是动物还是人，生存所需要的物质资料是来源于自然界的。马克思认为，从实践的层面上来说，人的肉体得以存活和继续下去的根本原因就在于对自然界固有的材料进行加工和再创造，甚至可以把自然界看作人的另一种身体，这个身体存在的意义就是保证人可以持续进行生命活动，并且进行这种生命活动所需的材料和工具都内在地存在于这个身体中。因此，人作为一种特殊的"类存在物"，不仅能够把握自然界中任何一种存在物的可能性，同时又拥有目的、计划等本质力量来改造现实世界。

因此，马克思看到了实践本身所具有的矛盾特征。一方面，实践活动本身具有一定的主观因素，受人的意识支配，无论是把自然界变成人的无机的身体的一部分，还是将自然界变成人的精神的无机界，都需要通过一定的意识指导来进行加工和改造。虽然动物的某些本能活动同样可以引起现实世界的微妙变化，但是这种活动的目的是出于动物的本能，它们意识不到这种行为的目的性，因此也不包含自觉主观的特征，一切的自然活动都不会超越自然本身界定的范围。但人类的实践活动不仅具有明确的目的性，而且在一定的意识指导下完成，是主观包含于客观之中的活动。在实践活动开始或进行的过程中，实践者就已经在头脑中构建出实施活动的步骤或者预想出结果，通过实践活动本身，才能证伪或证实某种理论和认识，在此基础上马克思说："有意识的生命活动把人同动物的生命活动直接区别开来。"[①] 另一方面，实践又是一种客观过程，是通过人的客观活动，利用工具等物质手段与现实世界之间进行物质交换的过程，将自然界中纯粹的存在物通过物质生产活动外化为感性存在。实践本身具有感性的性质和形式，在表现形式上使实践看起来与人在用观念的方式改造物质世

---

① 中共中央马克思恩格斯列宁斯大林著作编译局.马克思恩格斯全集：第42卷[M].北京：人民出版社，1979.

界的活动相区别，对理论的认识和了解并不是实践的全部内容，马克思主义科学实践观之所以解决了实践的本质问题，就是因为看到了实践的直接现实性。这种直接现实性表现为人通过实践活动将自己本身作为一种物质力量与客观对象发生相互作用，在这种相互作用的条件下，实践活动同它所作用的感性对象就同时具有了客观现实性。

由此可见，实践的主体、客体和中介都具有客观现实性，这种现实存在的物质和能量之间的转换，能够将人脑中的观念变为现实的东西，这与纯粹自然物的直接现实性不同，实践的现实性包含了人的主观活动，并与人的主观活动相联系，又通过物质工具外化为感性的客观实在，既能满足自己的需要和愿望，同时也能够检验某种目的或计划是否符合客观实际，这无疑表现出实践大于理论的优越性。

（三）客观规律性

人类实践活动的目的性和能动性要求必须以尊重客观规律为前提。

一方面，人类发挥主观能动性进行相应的实践活动不是随意的，它受到客观条件和规律的限制，因为客观存在着的事物有其自身的发展规律，客观世界本身并不依赖于实践主体的需要，人类的主观能动性必须在客观世界的基础上才能发挥作用。

另一方面，人类要想实现预期的实践目的，就必须使自身的主观性同客观性在实践中达成统一。因为主观能动性的发挥受到客观规律的制约，其发挥的程度不仅取决于实践主体能力的高低和实践工具的好坏，还取决于对客观规律的系统认识和整体把握。

（四）自觉能动性

马克思在《关于费尔巴哈的提纲》中就开始明确要从"实践"出发来理解人以及人的活动，并同时批判了费尔巴哈对"实践"概念的片面理解。虽然费尔巴哈将黑格尔之前的哲学家所提出的有关于人的本质思索从天上拉回人间，摒弃用抽象的精神逻辑的自我发展来解释现实的人和社会，将"实践"和生活相联系起来，并提出"实践会给你解决理论所不能解决的疑难"[①]等这样一些承认实践的现实性和唯物论倾向的见解。但是他在理解实践与个人、实践与现实生活的关系时却陷入了一种抽象。

首先，费尔巴哈并不理解什么是"现实的人"，他认为的"现实的人"只是

---

① 中共中央马克思恩格斯列宁斯大林著作编译局.马克思恩格斯选集：第1卷[M].北京：人民出版社，1995.

在生物学意义上，处在自然状态下从事维持基本生存活动的"自然人"，并没有将"现实的人"放在社会历史中生产活动的领域去理解。

其次，费尔巴哈认为连接人与自然的以及人与人之间关系的原则不是实践，而是"爱"，所有的社会发展和人的关系都是建立在这种抽象的类原则上。

最后，费尔巴哈认为所谓"生活"就是吃喝、享用对象，对物质的含义仅从直观的形式上进行片面的理解。因此，马克思认为费尔巴哈"仅仅把理论的活动看作是真正人的活动，而他不了解'革命的''实践批判的'活动的意义。"① 所谓"革命的、实践批判的"活动，就是马克思所理解的如何在"人与世界的否定性统一"中去"实践"地看待人与世界的关系。

在现实的人的实践活动中，人本身具有两种属性。一种是自然的属性，人是自然物的一部分；而另一种是自我属性，即人拥有超越自然和突破自然限制的能力，这种能力就体现在人通过自己的活动改变世界的过程中。这种相互分裂又同一的本质关系，必须在实践的基础上进行理解，因为它提供了一个新的起点，那就是从人自身的活动出发去理解人的本质，以把握现实世界的双重性质。实践本身就体现着自然作用和人的能动作用的相互矛盾，这种矛盾的特殊性就在于，抽象可以通过这种矛盾转化为现实，自然和社会也可以通过这种矛盾相互转化和共同发展。正是在改造自然的过程中，人与人之间产生了一定的关系，而这种关系在社会的发展中又起到了重大的影响，并反过来制约着人在社会中的发展，也就是说，人在实践活动中不仅创造出满足自身所需要的资料，而且使自己成为社会的一部分，成为"社会存在物"。

实践活动本身所具有的自主性和创造性，共同体现了人的主体性特征和主体意识。实践本身是由人来发动的，所以人在支配物的过程中内在地规定了彼此之间的关系，为了达到人的某种目的，在进行某些活动时就不得不对各种形式的物质资料加以利用，这就确立了人对自然界的主体地位。在实践中，人按照自己内在的需要认识和规划改造自然界的事物，将其塑造成适合人所占有的形式，这就充分显示了人的主体意识。同时，人在这种自觉的实践活动中，意识到了自我与自然界其他存在物的不同。在意识到了自我和思维的存在之后，人对这种意识加以利用并在实践活动中不断地加深思考和反思的能力，这种双向的活动更加体现了人的创造性特征。

马克思在《资本论》中这样指出："最蹩脚的建筑师从一开始也比最灵巧的

---

① 中共中央马克思恩格斯列宁斯大林著作编译局.马克思恩格斯选集：第1卷[M].北京：人民出版社，1995.

蜜蜂高明。"① 这是因为人可以在一开始就预料到劳动过程进行之后的结果，并且这个结果在劳动过程开始之前就已经在人的头脑当中以观念的方式存在着了，人要主动去实现这个在脑海中已经存在着的劳动结果，不仅要通过实践改变现存的自然物的形态，同时也要在被改变的自然物的形态中验证思维所设想出来的结果是否符合实践活动的最终目的。因此，实践的发展过程，不仅是人的主体意识显现的过程，同时也是人的主体意识不断提高的过程。

（五）主观能动性

人的实践活动区别于动物的生命活动，动物的活动是一种本能的、消极的、被动的适应自然的活动。而人则是采取一种积极主动的姿态改造自然的活动，人的实践活动集中体现为目的性的活动，因为人类总是按着需要的尺度积极地改造自然界，将人的本质力量作用于客观事物，使自然存在之物转化成为我所用之物，所以实践就是在人的需要下开展的目的性活动，目的性是其内在属性。

（六）社会历史性

由于受到社会关系与历史条件的制约，马克思主义科学实践观的一个重要特征是"社会历史性"，而实践正是在人与现实世界真实的"社会关系"中所进行的活动。人在进行物质生产活动时，才开始意识到自己是生活在社会中的。人不仅通过劳动生产自己的生命，同时也生产着和他人的关系，因需要彼此之间的物质生产而开始依赖对方。由此马克思看到了"人的本质不是单个人所固有的抽象物，在其现实性上，它是一切社会关系的总和"②。

因此，实践活动中包含了人与人之间的社会关系，并且人的内在本质也在这种"社会生活"的形式之中得到体现，马克思认为是劳动规定了人的行为，是物质生产活动规定了人与人之间的关系。这种"社会性"的存在方式具体来说就是人处理的各种关系，包括人与自然的关系、人与自身的关系以及人与他人的关系等，在这些关系中也包括了政治、伦理、道德、宗教等一系列体现人类普遍精神法则的概念。马克思通过实践的中介性来看待人的本质，体现了人的实践性。如何处理人与人之间的社会关系是实践活动的基本表现形式之一，因为生产实践产生了社会关系并在一定的社会关系中进行，所以维持生产发展的同时也就必须调整或改变那些与生产发展不相适应的社会关系。

---

① 中共中央马克思恩格斯列宁斯大林著作编译局.马克思恩格斯全集：第23卷[M].北京：人民出版社，1979.
② 中共中央马克思恩格斯列宁斯大林著作编译局.马克思恩格斯文集：第1卷[M].北京：人民出版社，2009.

马克思认为正是由于人不能按照自己的意愿主动地选择生活在某种社会形式中，才体现出生产力发展的客观性。任何政治国家的形式都是建立在生活在当时历史时期下的人们所进行的生产力发展的物质基础上的，在这种物质基础上，产生了适用于当时社会的政治制度或阶级组织。可以看出，人类社会的生活系统与精神、政治等生活系统不同，实践一开始就是社会的实践，即便可以表现为单个人的活动方式，但是人终究要凭借着某些自然的力量或物质去进行生产活动，并且只有在社会关系的范围内才能进行生产。"甚至当我从事科学之类的活动，我也是社会的，不仅我的活动所需的材料，甚至思想家用来进行活动的语言本身，都是作为社会的产品给予我的，而且我本身的存在就是社会的活动。"[①] 马克思充分肯定了自然的地位，作为需要生活的人来说，必须依靠自然来生活，人类社会从无暇顾及自然的给予到主动索取生产实践所必不可少的物质资料的过程，就是从自然实践到规范实践的过程，人所得到的精神或物质资料已经远远超过了自然界本身的范围，但二者的关系是相互依存、不能独立分割的。

与此同时，人的实践活动受社会关系和历史条件的制约，历史条件不同，实践的方式和方法也就不同。在原始社会的人类不可能进行高级的科学生产活动，人与人之间也不会有复杂的社会关系需要处理。对此马克思指出："物质生活的生产方式制约着整个社会生活、政治生活和精神生活的过程。"[②]

因此，人不可能跳出现实的历史条件进行超现实的实践活动，同时，处理社会关系的活动不仅被实践所决定，也反过来制约着实践，现实证明，人与人之间的关系不仅依赖人与自然之间的关系，也受制于人与人之间的关系，能否处理好人与人之间的关系，直接影响着人与自然之间关系的处理。

三、马克思主义科学实践观的形式

我们要了解人类社会历史的发展进程，清楚人类是通过何种方式进行实践活动来改造自然和生产力以满足自身生存与发展需要的，就必须研究人类实践活动的具体形式。随着人与世界关系的不断发展，特别是随着社会分工的日益明确，人类实践活动的形式日益多样化，从内容上看，大致分为三种基本类型。

（一）物质生产的实践

物质生产的实践是处理人与自然关系的实践形式。人是自然界的产物，人

---

① 中共中央马克思恩格斯列宁斯大林著作编译局.马克思恩格斯全集：第42卷[M].北京：人民出版社，2009.
② 中共中央马克思恩格斯列宁斯大林著作编译局.马克思恩格斯选集：第2卷[M].北京：人民出版社，1995.

类从一开始就面临着处理人与自然关系的问题，因为纯粹的自然界并不能完全提供人类所需的全部现成资料，这就需要人类依靠自身的力量，借助一定的实践工具和手段，通过一系列的实践活动来满足自身衣食住行等各方面的需求，所以物质生产的实践也是人类最基本的实践活动。这种实践形式在原始社会占据着主导地位。

（二）社会政治的实践

随着生产力的不断发展，人类从原始社会进入奴隶社会，步入阶级社会后，也就出现了各种政治关系的实践。因此，社会政治的实践与国家权力有着密切的联系，主要体现为阶级之间的斗争、协调与联合。在阶级社会，阶级斗争是社会政治实践最主要的表现形式，也是推动社会发展的直接动力，因此社会政治的实践在阶级社会中具有鲜明的阶级性。当然，随着物质生产方式的变化发展，社会政治的实践方式也会变化发展，包括政治制度的建设和改革、人民群众的政治参与等，因此这种实践形式对于协调政治关系、建立政治秩序、维护社会和谐稳定具有重要的作用。

（三）科学文化的实践

科学文化的实践是创造精神文化产品的实践活动，近代自然科学的发展有力地推动了这种实践形式的形成，使之成为推动社会发展的重要实践形式之一，科学文化的实践在人类社会生活中占有重要的地位，尤其是科学、教育、艺术等实践形式对国家整体事业的发展具有十分重要的意义。

随着人类实践活动的范围愈加广泛，现代信息技术的发展促使当代社会产生了一种全新的实践形式，即虚拟实践。这种实践形式是伴随着信息化和网络化的发展而产生的，虚拟实践极大地提高了人们认识世界和改造世界的能力，给人们生产生活带来了新的乐趣，创造了人类生活的新空间。但是，我们既要看到虚拟实践为人们的现实生活产生的积极作用，同时也要看到虚拟实践带来的一些新挑战和新问题，增强风险意识，确保社会和谐稳定，国家长治久安。

四、马克思主义科学实践观对大学生创新能力培养的启示

马克思主义科学实践观对大学生创新能力培养的启示主要体现以下两个方面。

（一）提高创新潜能，注重实践经验

大学生的创新能力较低，尤其是将实践活动经验转化为创新性科研成果的能力，是在创新能力中均值最低的。由于大学生既不能认识到创新潜能和创新活动经验转化为创新性科研成果的重要性，又缺乏在这个方面的培养，这里针对大学生创新能力培养存在的问题提出以下路径。

首先，大学生要增强实践创新意识和创新活动的参与热情，积极地参与学校组织的各项活动，在大量的实践活动中总结经验，形成敏感的创新思维和创新潜能。能力的养成不是一蹴而就的，需要长期坚持和学习。在校期间，大学生要在实践中将实践经验进行记录和总结，而教师也要用最新颖的教学方式增添时代元素，如针对课本中的某一内容，结合当下最新的学生喜闻乐见的方式进行知识的传授。

其次，大学生要打牢专业基础，丰富基础知识结构。创新能力的提高是一个从量变到质变的过程，因此大学生要养成知识积累的习惯，多学习和了解跨学科专业知识，形成交叉和综合性思维。另外，大学生要养成坚持读书和阅读的好习惯，同时注重培养自己的创新意识，多学习创新实践方法类的知识和技巧，同时也可以充分利用网络资源学习经验和方法。日常的阅读学习可以增加理论基础的厚度，从而增强大学生将实践经验转化为创新性科研成果的自信心。此外，大学生也要与时俱进，了解专业发展的最新理论前沿和发展动态。

最后，大学生要关注学科的最新研究成果和最新研究方法，并浏览核心前沿创新成果。例如，关注本专业和一些感兴趣的跨专业的顶级期刊，从本专业和其他学科的创新研究方法中寻求经验；制订与自身学习相符合的科研创新计划，选择与自身专业、兴趣爱好或实践活动相关的主题进行研究，提高将实践经验转化为创新性科研成果的自信心；遇到不懂的问题及时查阅，对于看不懂的文章不畏惧，每天坚持读十篇文章，量变引起质变，每天撰写文献心得，好记性不如烂笔头，将文献的学习心得进行及时的总结和梳理；同时培养自身的批判和质疑能力，遇到问题多思考，逐步培养创新能力和将实践经验转化为创新性科研成果的能力。

（二）主动参与实践活动

教学实践活动是培养大学生实践创新能力的重要途径，教学经历会促进大学生实践创新能力的提升，教学经历对于大学生的实践创新能力影响较大。下面针对大学生参与实践活动提出以下几种路径。

首先，大学生要增强参与教学实践的热情，主动创造参与教学实践的机会，克服懒惰心理。积极参加教学实践活动，积极参加学科竞赛，以赛促学，在学科竞赛中锻炼经验和提高实践创新能力。

其次，主动创造与导师见面交流获得导师指导的机会，多参与导师的科研创新项目活动。经常与导师沟通交流学习和实践的收获、近期所做的学习和实践进展。古人云"学莫便乎近其人"，与智者同行，与高人为伍，胜过一个人在黑暗里的冥思，导师的指导会加速大学生实践创新能力的提升。学生应多与导师探讨学习情况，分享学习心得，争取得到与导师一起参与科研创新实践的机会。

最后，校外教学兼职经历会促使大学生全面提高实践创新能力，因此大学生要主动创造深入教学实践的机会，在不影响学习的情况下，在假期寻找一份教学兼职工作锻炼自己，一是可以为自己挣一些生活费，二是可以在学习期间积累工作经验，体验生活和工作。大学生可以发挥自身特长，如体育专业的大学生可以在健身中心做教练，在运动训练机构做指导教师，也可以在各种兴趣班做助教和教师。教学兼职经历对未来的就业和职业生涯有较大的帮助且教学兼职经历会遇到各种突发的情况，需要自己独立解决，可以更好地锻炼自己处理问题的能力，为自己积累经验。

第四章 大学生创新能力的要素

创新思维是创新能力的核心和灵魂;创新技法是指人们根据一定的目的和任务,在活动中运用知识经验,积极开展思维活动,经过练习而获得新知识、创造新事物的技巧方法;而创新意识是人类意识活动中的一种积极的、富有成果性的表现形式,是人们进行创造活动的出发点和内在动力,是创新思维和创新能力的前提。本章围绕大学生创新思维、大学生创新技法和大学生创新意识等内容展开研究。

第一节 大学生创新思维

一、创新思维的概述

(一)创新思维的内涵

19世纪70年代,恩格斯在《自然辩证法》和《反杜林论》等文章中都曾提出过关于思维的科学概念,并在研究人类思维方面提出了一系列原则性论述。恩格斯说过:"关于思维的科学,也和其他各门科学一样,是一种历史的科学,是关于人的思维的历史发展的科学。"[①] 思维是人类所特有的一种最重要、最基本的意识活动。不管是人类的实践活动,还是人类的文明与进步,都与人的思维活动分不开,并会深受其影响。思维是人脑对客观现实世界的间接反映和概括,它反映的是事物的本质和事物之间的内在规律性联系。换言之,思维可以反映同一类事物之间的共同特征和本质属性,以及不同事物之间的内在联系,显然它属于理性认识的范畴。

思维科学是关于人类思维历史发展的一门科学,创新思维是其关注和研究的

---

① 中共中央马克思恩格斯列宁斯大林著作编译局.马克思恩格斯选集:第4卷[M].北京:人民出版社,1995.

重要内容。创新思维通常也被称为创造性思维，它是人类在认识世界和改造世界的过程中运用的一种具有创造性意义和创新价值的思维。美国心理学家华尔特·科勒斯涅克（Walter Kolesnik）认为，创新思维是指发明或发现一种新方式用以处理某件事情或表达某种事物的思维过程。克雷奇在《心理学纲要》中写道："创新性思维或创见性解决问题，它要求提出新的和发明性的解决方法。"① 作为一种思维活动，创新与其他思维形式一样，创新思维也需要运用一般思维方法，并且具有一般思维活动的基本形式。创新思维是多种思维形式和思维方法相互作用所构成的一种整体化的思维过程，它不是某一种单一的思维形式，也不是某几种思维形式的简单叠加，它是发散思维与收敛思维的辩证统一、求异思维与求同思维的辩证统一，也是非逻辑思维与逻辑思维的辩证统一。

创新思维是一种高度发展的思维形式，是人类思维发展的高级形式。一般而言，创新思维分为广义和狭义两方面。广义的创新思维是指人们在问题的提出、分析和解决的整个过程中，能够对创新成果起作用、有影响的一切思维活动，同时，由此产生的创新成果仅在某个固定范围内是首创的，如仅限于本人或本地区范围，而对于这个范围以外的其他人或其他地区来说并不是首创的、新颖的。狭义的创新思维则是指人们在创新活动中直接产生创新成果的思维活动，如灵感思维、直觉思维、想象和顿悟等非逻辑思维形式。现在所讲的创新思维通常多指狭义的创新思维。创新思维是要超越旧有的、固定的和习惯了的认知方式，以全新的角度和观点去看待事物，提出新颖的、不寻常的、独特的观点和理论的一种思维。由此，创新思维成果就表现为一种突破性的、独创性的新假说、新思想、新观点和新理论，以及新方法等。而创新思维的创新性和创造性也决定了其具有灵活性、多样性、随机性和突发性的特点，与传统思维形式相比较，它没有固定的思维模式和缜密的逻辑关系，在思维的内容和思维成果的呈现上也是与众不同的。简言之，创新思维就是一种开辟意识新领域，具有创见性的思维形式。

创新思维是一个完整的系统，其实质就是"出新""超越"，它兼具功能性本质、结构性本质和过程性本质，功能性本质在于"出新"，结构性本质在于"超越"，过程性本质则在于"逻辑与非逻辑统一"。一般来讲，从功能方面来看，创新思维的本质是出新，思维主体对已有的经验范围进行突破，通过采用创新的认识方法和研究思路，在崭新的领域实现对思维客体的全新认识，形成前所未有

---

① 康晓玲.创新思维与创新能力［M］.北京：电子工业出版社，2015.

的、有价值的认识成果；从结构方面来看，创新思维的本质是超越，主体需要不断调整、突破和超越已有的思维模式及思维结构，以满足解决问题的需要；从机制方面来看，创新思维的本质是逻辑与非逻辑的统一，收敛思维和发散思维介入创新思维过程，实现思维素材的超逻辑组合。创新思维的本质就是功能性本质、结构性本质和过程性本质的有机统一。

（二）创新思维的本质

思维是由逻辑、认识与观念构成的，创新思维的本质问题就是逻辑创新、认识创新和观念创新。

1. 逻辑创新

思维在先验与经验所构成的现象世界中的实践产生知识，知识是经验、观念与逻辑构成的体系。固有的经验、观念和知识的影响会形成一定的思维逻辑，在一定意图的指向下，思维表现出意向性和倾向性，主观思维由此产生。在面对客观环境时，主观思维往往表现出一定的思维定式，并具备同化客观环境的能力。然而，在积累了足够经验与知识的情况下，创新思维则能够展现出思维的开放性，有助于解决思想封闭的问题。创新思维本质上是逻辑创新，要使思维逻辑从旧经验体系突破到新经验体系中来。

从历史发展来看，思维的发展是人类认识客观世界的能力的进步与发展、人类思维的提高与升华，是旧观念向新观念的转化、旧思维向新思维的辩证发展。在这一发展过程中，思维从原有的思维定式不断突破，促使对事物的认知取得新发展，开创了思维发展的新局面，这是逻辑创新的重要意义。

做到逻辑创新主要应做到以下三个方面。第一，批判思维有助于逻辑创新。批判思维有助于主观思维的自我剖析，有助于认知科学本质问题。第二，加强辩证思维有助于逻辑创新。认识的进步在于思维从旧思维模式突破到新思维模式中来，这意味着思维方法和内容的更新以及认识的进步。第三，坚持实事求是。实事求是有助于正确处理问题情境，有助于认识事物内在的本质联系，有助于分析、归纳关联事件及对现实问题的整体研究。

思维的正向与逆向运动、发散与收敛运动都有助于逻辑创新，需要着重指出的是类比思维在逻辑创新上的作用，类比思维通常是在对事物物理特性的认知下产生的，它能够实现思维逻辑上的飞跃，因此类比思维是逻辑创新的重要方式之一。

2. 认识创新

认识论有唯心主义不可知论和唯物主义可知论之分，我国学者姜国柱在《中国认识论史》中提出"可知与不可知的问题"是哲学在认识论问题上的必然问题。关于认识论问题的延伸是人类的认知能力能否充分地认识客观世界，人能否获得自由，这是认识论的宏观问题。就现实来说，认识论所要解决的问题如德国哲学家胡塞尔（Husserl）用现象学所指出的一样，是我们如何认识主、客观世界的现象的问题，这里就出现了以客观事物为对象的科学认识论。德国哲学家黑格尔（Hegel）的《自然哲学》是客观唯心主义向科学过渡的产物，他提出自然科学是认识的基础。

在人类对事物的认知过程中，我们不断深化对事物的理解，从模糊逐渐走向清晰。这种认识的深入与个体的认知能力和在认知过程中的经验积累密切相关。例如，科技理论的产生、应用和创新往往存在一定的时间差，这个时间差与经验的积累密不可分。然而，现代社会活动的丰富性正在逐渐缩短这一时间差，并逐步扩大创新的范围。因此，我们可以认为，随着经验的不断积累和认知能力的不断提高，我们对事物的认识将更加深入和全面。

创新思维的本质就是要在旧认识上产生新认识，即认识创新，要在时事中积极地认识世界。主体的认识能力既有文化心理因素的主观原因，也有社会环境因素的客观原因，在主观方面，主体的文化心理结构的概念是哲学研究的重要课题。

在哲学领域，有三个核心位置：观察者的位置、评判者的位置和实践者的位置。作为观察者，我们审视世界和人类的存在；作为评判者，我们评估和反思各种思想、观念和价值观；作为实践者，我们将所学的知识和理念付诸行动，以实现个人和社会的进步。这三个位置相互关联，共同构成了哲学思考的完整过程。

3. 观念创新

创新思维的本质是观念创新，观念创新是在认识与经验的积累下产生的，将新发现、新经验、新方法、新科技融入思想观念中产生新观念以指导创新实践。

科学上主要有三大整体科学观，整体科学观的创新转变，对于科学的作用是革命式的。一是古希腊时期解释的科学观。当时的哲学家认为科学是一种解释的活动，科学的任务就是解释世界，这一科学观是科学活动的肇始。二是近现代自然科学的科学观，这一时期科学的目的是认知客观本质，追求真实与真理，产生了近代科学革命。从经典力学到理论物理的发展标志着早期科学与近现代科学的分界线，科学的观念从静止转变为运动，近现代科学描述了运动、变化、互涉的世界，在物质上找到了量与质的度量。三是当代的科学实践观，主要是建构主义的科学观。这一时期在现有科学的基础上所进行的科学活动有了更大的自由，实践的制约条件更少，可以自由地进行一些建构性的科学活动。

在探讨创新思维的过程中，除了科学观念，还应当具备社会观念。这种观念的社会维度意味着将适应社会发展需求的新观念融入思维，从而开拓出新的创新领域。在此过程中，我们需要将新的因素融入创新之中。科学工作并非孤立存在的，而是社会范围内的分工与协作。因此，创新工作也是一项广泛的社会性活动。在创新观念中，我们需要结合科学与社会发展的新观念进行观念创新。

（三）创新思维的特点

1. 产生过程的自觉性

创新思维从产生过程看，是人们在实践中根据自身或社会发展的客观需要，从自身具有创新雏形的实际行为或行为预期出发，自我内生动力促成的一种思维形态。在这个过程中，创新思维主体在自我思维暗示下，在现有思维基础上，对除创新思维主体以外的人和物进行思维的抽象转化并建构到生活实践中，最终形成一定的创新成就。这个过程是思维主体在自我内生驱动力催动下，最大限度地规避现有思维和传统思维方式的桎梏，最大程度地展现自我特色，以充分发挥思维主体在思维形成和思维实践中的能动性和创造性，实现或达到自我追求的具有理想意义的思维方式。

2. 思维结构的灵活性

思维结构是人凭借外部活动逐步建立起来并不断完善的基本的概念框架、概念网络。创新思维由于在产生过程上最大限度地规避了传统的固有思维的限制，在思维结构上就具有典型的灵活性特征，具体表现在以下两个方面：一是对外界刺激反应的选择性，即把外来的刺激（包括对第一信号系统刺激和第二信号系统刺激）纳入创新思维主体已有的思维结构时，不是单纯地吸收使用，而是会进行辩证的选择并进行充分且有意义的加工，对不符合主体要求的内容，进行必要的过滤或剔除；二是思维架构或思维网络的更新性，即创新思维主体对来源于生活实际的原生素材进行思维性加工时，会依据客观实际的变动做出必要的调整和优化，以期实现思维创造的最优价值和最大意义，因而会在一定程度上更新自身思维的概念架构和网络形态。故而，思维结构的灵活性就是在对外界刺激反应的主动选择和对思维结构或思维网络进行动态且有意义的更新的综合作用下,所形成的创新思维的又一基本特征。

3. 思维方式的求异性

创新思维在思维方式上体现出一种与传统线性思维方式不同的非传统的非线性思维方式,最为本质的表现特征就是求异性。这种求异性特征要求思维主体在对已有思维进行求同性归纳的基础上,对自身思维方式进行辩证否定,即自我的既肯定又否定、既克服又保留,进而打破原有的思维惯性限制,找到新的思维突破点,做出"取长补短"的由"同性"到"异质"(指具有质的规定性即理性价值取向的"异质")的思维转变,追求一种区别性和差异性,并做出不同以往的、更具现实指导意义的思维选择。从实质上讲,创新思维在思维方式上的求异性,就是思维主体在思维方法上追求的求同性与求异性的辩证统一,既不循规蹈矩地一味求同,也不为变异而求异,而是基于创新思维主体客观需要对自身思维方式进行辩证否定。

4. 思维过程的批判性

人的各类不同于以往的思维或思维方式的形成往往是从质疑开始的,质疑即批判、即突破、即寻求创新。就创新思维而言,批判质疑是必不可少的环节。思维主体在进行创新思维建构时,要对旧的思想和传统的思维方式进行不同程度的批判,以寻求革旧立新、推陈出新,对自身实际和外在客观条件进行必要且合理的审度,合理且有价值地进行批判,从而找到主体思维与客观需要之间最优的衔接点,促进主体思维与客观需求的最优的高水平的动态平衡,以实现自我思维创新与自我现实需求及社会现实需求的共同发展。这种思维过程的批判性,是一种具有理性价值导向和现实价值意义的思维特征。

5. 思维结果的价值性

所谓思维结果的价值性,是指创新思维必须为人们现实的认识世界和改造世界的活动服务且产生一定的正向价值性成果,必须为一定的社会关系甚至整个人类社会做出积极的有价值的贡献。思维结果的价值性要求思维主体进行的思维创新或创新思维培养必须是一种有效的思维过程并取得实际效益的思维结果,而不能成为一种无效甚至负价值的思维过程和结果。强调创新思维结果的价值性,能够使创新思维主体以及受创新思维影响的客体获得更广泛的见识和更深刻的认知,进而为创新思维主体或受创新思维影响的客体所处的社会关系甚至是整个人类社会带来符合其发展的必要的促进作用，使这种社会关系或整个人类社会实现持续发展。

（四）创新思维的影响因素

创新思维的本质在于对传统思维模式的超越，它要求创新主体将头脑中原有的知识、经验、观念和方法进行新的组合。这种新的组合需要突破原有知识、经验、观念和方法的限制，从而形成新的思维模式。如果创新主体无法突破这些障碍，那么就无法进行创新思维，也就无法提高创新能力。

在创新思维过程中，存在着许多主观和客观的影响因素，主要包括存在于创新主体头脑中的传统、固定的观念，在思维过程中形成的不良习惯和定式以及一些个人和环境因素。这些影响因素会阻碍新的组合方式的形成，从而阻碍创新思维的发展。

1. 传统观念

传统观念是创新思维的重要阻碍，它坚定地维护着其存在的实践和社会基础，反对思维对现有事物的超越。在传统观念的影响下，人们往往会固守过去，遵循老一套的思维方式和行为模式，即使面对新问题也依然沿用老办法。因此，传统观念是阻碍创新思维的重要因素，与创新思维相对立。要实现创新思维，必须克服传统观念的束缚，积极探索新的思维方式和方法，以更好地应对不断变化的环境和问题。

2. 固定观念

与传统观念相似，固定观念也是思维创新的重大阻碍。所谓固定观念，是指人们在特定领域内形成的观念。这些观念在各自的领域内是适用的，但一旦超出这个范围，它们可能就不再适用。然而，由于这些观念在思维中的强大惯性作用，人们常常习惯于用固有的观念去理解和评价遇到的问题，不论该问题是否超出了原来的领域范围。

以大学生创业这一现象为例，大学生创业不仅需要知识能力，还需要大量的资金成本。从一些大学生的固定观念来看，如果没有手头的资金，他们就可能放弃创业梦想。他们所理解的资金成本，往往是通过观察周围的人或事所得出的结论。实际上，我们应该意识到，资金成本的定义并不一定是固定的，它也可以是流动的，或者是预见性的资金等。由于这种固定的观念强烈依赖于人们的实践和社会环境，一旦遇到超出我们认知范围的问题，可能会用老眼光、老套路去面对，这种因循守旧、墨守成规的思维模式很难取得成果。

3. 思维定式

思维是人脑的功能。在面对同一类事物和现象时，人们往往使用相似的思维方式，从而得出相似的思维结果。如果过去的思维结果被实践证明是正确的或错误的，人们就会记住这种思维方式和结果。当再次遇到类似的事物和现象时，人们凭借记忆就可以得出结论，这就是所谓的思维定式。思维定式对于解决常规问题和例行工作具有积极意义，它可以基于以往经验和模式，快速地做出反应。然而，在创造性问题的解决过程中，思维定式却成为一种障碍。思维定式往往限制了人们的思维视野，导致思路不畅，难以产生创新的思想。因此，在创新过程中，需要特别注意思维定式的消极影响，尽量避免被以往经验和模式所束缚。打破思维定式的主要方法是有意识地进行反定式思维，即尝试从与原有思维定式不同的方向和角度进行思考。例如，法国著名文学家莫泊桑（Maupassant）曾说过，应该时刻躲避那些走熟了的路，去寻找一条新路。这一格言表明了反定式思维在创新中的关键作用，并为人们进行创新思维提供了一条有效途径。

4. 个人因素

学生的个人因素对其创新思维有很大的影响，抛开遗传因素等对学生智力的影响，在这里只考虑学生的非智力因素对学生创新思维的影响，如学生对创新思维的态度、兴趣和动机等方面。学生对创新思维的态度是学生对创新和创新情境的一种相对稳定的心理倾向，学生对创新思维的态度反映了学生对创新的认识以及重视程度，学生对创新思维的重视程度越高，越能体现学生充分认识到创新的意义与价值，会更多地投入创新的相关活动中，调动自己的创新思维。

爱因斯坦曾说过："兴趣是最好的老师。"这句话强调了兴趣对个人学习成长的重要性。当学生对某事表现出浓厚的兴趣和强烈的成就感等特征时，学生往往就会表现出较高的创新性相关行为。在关于学生创新思维的研究中，学生对某一事物的感兴趣程度，会激起学生的挑战欲，增强其克服困难的意志，学生的创新思维往往就是在这一过程中产生并且发展起来的。动机是创新的内驱力。内在动机是创造性工作的关键，当社会环境泯灭了人的内在动机，人将不会产生创造性的作品。学生在内在动机的驱使下，会对学习活动感兴趣，参与学习活动是因为自己比较喜欢和享受探索的过程。

5. 环境因素

环境为个体的发展创造了条件，也为创新思维的发展提供了多种可能。"橘生淮南则为橘，生于淮北则为枳"与"孟母三迁"都诠释了环境对人的发展有一定的影响。从受教育环境来说，学校的学习氛围好，师生关系融洽，教师在学习过程中注重鼓励、启发、引导学生自主学习，这种教育有利于学生创新思维的发展；父母是孩子的"启蒙老师"，家庭环境对个人的成长与发展也起到至关重要的作用，父母关系和谐融洽、父母尊重孩子的兴趣爱好、父母具有包容的心态，更有利于孩子思维的开发、兴趣的培养与个人的成长；社会环境对学生的创新思维发展也起到了推动作用，如果社会大力支持创新创造，对创新充满热情，那么创新活动就会在各行各业涌现，社会环境驱使学生成长为具有独立思想、开拓进取、勇于创新的人。

（五）创新思维的重要性

创新思维是未来人类主要的思考方式和内容，其重要性可从以下几方面体现。

首先，创新思维不断扩充人类知识的总量，不断提高人类认识世界的水平。创新思维的本质是探索未知或不完全知的领域，通过不断拓宽认知范围，将未知转变为已知。每一次科学的发现和创造都增加了人类的知识储备，为人类从必然王国迈向自由王国创造了条件。

其次，创新思维不断提高人类的认知能力。创新思维是一种高超的艺术，无法被模仿。它基于对历史和现状的深刻理解，依赖于敏锐的观察力和问题分析能力，以及对知识的积累和广泛的知识面。每一次创新思维的过程都是锻炼思维能力的过程，为了认识未知世界，人们需要尝试前人未曾使用过的思维方式和角度，寻求没有先例的方法和途径来观察、分析和解决问题，从而大大提高了认识未知事物的能力。因此，认知能力的提高离不开创新思维。

最后，创新思维能够为实践打开新的局面。创新思维的独创性和冒险性使其具备探索和创新的精神。在这种精神的推动下，人们不满于现状和已有的知识经验，不断探索客观世界中尚未知晓的本质和规律，并以此为指导，开展创新性实践，开辟人类实践活动的新领域。相反，如果没有创新思维，人类将满足于现有的知识和经验，实践活动只会停留在原有的水平上，实践的领域也将非常有限。

二、大学生创新思维的过程

创新思维为了有效把握事物的本质和规律，就必须在实践的基础上进行思维操作，分解、剖析和改造对象，运用归纳和演绎、抽象和概括以及联想和想象等各种方法进行创新思维活动，创新思维活动是一个辩证运动的过程。创新思维作为复杂的系统过程，其思维活动的各因素之间，会产生相互联系、相互制约、相互促进的关系，从而构成高级的有机结合的整体过程。

（一）准备阶段

准备阶段是创新思维的初步阶段，其主要内容有三个：发现和提出问题、理解和加工问题、收集信息和资料。准备阶段的关键是发现和提出问题。提出的问题要有助于创新思维的形成，对于已知的问题进行初步理解、加工，然后根据初步理解，收集资料。

美国著名哲学家、教育家、心理学家约翰·杜威（John Dewey）在谈论反省的思维即创新思维时，强调要把握反省思维的构成要素"引起思维的疑难"，这里的"思维的疑难"就是问题意识，问题是在人的思维过程中面对已知而发起的疑问。如果没有问题的出现将不能开展创新思维活动，创新思维是对一个未知领域的新的认识和发现的整体性过程，它的发生正是基于对问题的提出，问题是创新思维的起点。没有问题的产生，思维将保持相对稳定性，随着时间的推移，思维形成的认识会演化为一种范式，在这种范式下思维活动会遵循着范式规定的方向，所以说问题规定了创新思维活动的运动方向。问题是创新思维活动发展的内生动力，创新思维是围绕着问题的提出和解决而进行的，问题是思维发展的起点，驱动思维主体对新认识的追索，也指引着未来思维的发展方向。

（二）酝酿阶段

酝酿阶段是创新思维的过渡阶段，主要根据已收集的资料，运用重复性推理思维提出解决问题的方法，虽然应用性不强，但很多大学生要想具有创新思维，失败是必然经历的阶段。只有靠不断积累资料，不断总结经验的不足，培养持之以恒的心态，才能让创新进入下一个关键阶段。

问题是创新思维的逻辑起点，其终极目的是实践，即解决问题。对于思维主体来说，求解的阶段是一个长期的过程。在这一过程中，面对这些超出以往经验范围的问题，思维主体需要进行摸索与探究，根据已有知识和经验协同各类方法和手段，产生新的认识、总结新的发现，为解决问题规划出路径。

创新思维的求解过程同样是一个酝酿的过程，是思维主体在持续的思考并高度集中注意力后，寻求新思想、新观点、新理论的过程，创新思维的产生是为了问题的解决。在这一辩证过程中获取新的知识并对新旧知识进行对比，找出新旧知识的差异和矛盾，推出新的结论，促成问题的解决。

（三）顿悟阶段

顿悟阶段是创新思维的关键阶段，主要内容有三个：突破原有的观点和思维的束缚、提出新的概念及方法、形成系统化的新理论和新技能；主要是继承和学习传统的理论和技术，并将已有的理论和技术进行加工。

人们在长期的思维活动中会根据事物发展的规律、生活习惯及常识，在认识问题和思考问题时形成一定的思维定式，而且这种思维定式很难去打破。美国社会学家赫伯特·马尔库塞（Herbert Marcuse）常常批判的"单向度"思维方式就是从一个角度、一个方面去思考问题。这种思维状态过后，思维主体不断进行反思性思考，坚持全面的、联系的、发展的观点看问题，透过现象看本质，这时思维会产生实质性的转变，思想豁然开朗，一种突发性的顿悟产生。顿悟带有一种突发性，是指思维主体在思考疑难问题期间，经过高强度的思考，重新调整思路，从问题的关键出发获得新思路、找到有启发意义的思考成果的过程。创新思维的关键就是产生顿悟，在认识过程中人的思维很容易陷入僵化状态，会是"山重水复疑无路"的一筹莫展，而顿悟的出现恰是"柳暗花明又一村"的豁然开朗。这是问题得到解决的关键。

（四）检验阶段

检验阶段是创新思维的评价阶段。在准备阶段提出问题，在酝酿阶段重复性推理，之后在顿悟阶段形成新理论和新技术，最后在检验阶段去验证。要判断新理论和新技术是否具有科学性和合理性，就必须进行检验。只有经过检验，才能确定价值。检验的结果分两种：真理和谬误。

创新思维要符合事实内容，因此，创新思维成果需要检验，需要进行逻辑验证和实践检验。以现实实践为基础，对方案的可行性与有效性进行系统检验，只有通过实践检验的才是有意义的创新思维成果。实践认识论是在实践的观点上把认识论与历史唯物主义、辩证法内在统一起来，解决了认识、实践及其相互关系的问题，结束了认识论思辨的形态。人的认识是一个辩证运动的过程，表现为实践基础上由感性认识到理性认识，再进一步上升至实践的具体认识过程。创新思维本身就蕴含了实践认识论辩证运动的特质。

三、大学生创新思维的内容

（一）发散思维

1. 发散思维的概念

发散思维是形成创造力的基础。但不能简单地将发散思维与创造性思维画等号，也不能将发散思维理解为"灵光一现"的顿悟。在面对问题时，能够形成诸多的解决方案，是发散思维的最好体现。东北师范大学荣誉教授何克抗认为，发散思维是思考问题时，思维逐渐扩散，从多角度进行思考，考虑范围较广泛。一题多解、想象力丰富等均是发散思维能力较强的表现。河海大学教授沈汪兵等人将发散思维活动定义为加工重组已有的知识结构，形成多种不同创新型成果的过程。[①] 对于发散思维概念的界定，虽然众说纷纭，但是其本质并没有太大区别。这里的发散思维是指针对存在的问题，能够敏锐洞察其关键点，打破思维定式，从多维度、多层面思考的思维方式。这种思维方式可以帮助学生辨别易混淆的生物学概念知识，区分相似的生物学反应，因此有利于深化学生对于重要概念的理解。

2. 发散思维的特征

（1）独创性

发散思维的独创性是指思维中明显异于他人的独特部分。这部分思维的特点是新颖而求异，即想到别人所想不到的，有自己独一无二的想法。可以说这一特点是发散思维最为本质的特征，如果发散思维没有独创性，那就不能算是真正的发散。[②] 人的智力有多种组成部分，但是最高级的特殊形态主要体现在创造性和创新性上。

（2）变通性

发散思维的变通性是指思维在灵活程度方面展现出的特点，体现的是思维的"质"。生活中我们遇到问题并不一定非要想出具有独创性的想法，但是必须想出实用的方法。而当问题没有见过时，切实可行的方法就难以呼之欲出了。思维的变通性其实是一种跨领域的转变能力，能从一种相对熟悉的情境转到相对陌生情境的能力。对于思维变通性的评判，往往依据从熟悉事物转换到陌生事物的数量，即能从熟悉的事物转化到陌生事物的数量越多，变通性就越强。思维变通性

---

① 沈汪兵,刘昌,施春华,等.创造性思维的性别差异[J].心理科学进展,2015,23（8）：1380-1389.
② 杨春茹.高中数学教学中培养学生发散思维的研究与实践[D].长春：东北师范大学,2008.

由诸多元素组成，如适应性，对于全新的环境有适应的能力；摆脱惯性，对于思维定式能够及时抛弃，并从全新的视角审视问题，想出行之有效的解决方法；重新解释信息，具有自己的判断力，对于相同的内容在不同场景下有自己的理解；自发性，在遇到突发状况时积极主动转变思维推陈出新；转化，既包括熟悉物品用途的转化，也包括不同模型之间的相互转化。[①]

（3）流畅性

发散思维的流畅性是指反应的快慢，是对限定时间内产生观念数量多少的界定。在相同时间内，两名实验者对于相同信息表现出来的反应和要求越多，说明思维的流畅性越好。流畅性强调纵深发展，针对的是相同方面的问题能够产生多种想法。要想有流畅性思维，需要有较为强大的记忆力和渊博的知识，此时思维是呈直线式延伸的。流畅性包含的方面也很多：字词上的流畅性，如在短时间内思考出大量成语的能力；图形上的流畅性，如在短时间内根据图片规律找对应图片；联想上的流畅性，如根据给定材料联想内容；表达上的流畅性，如在规定时间内发表即兴演讲。

3. 发散思维的原则

（1）学生主体原则

学生主动学习不仅能取得更好的教学效果，还能发挥出强大的创造力。学生是有思想和有学习经验的人，每个学生都是独立于教师头脑之外的独立的个体，他们是客观存在的，并且不以老师的意识为转移。老师要想让学生听从自己的教导，就应把学生当作客观的存在，是不以教师意志为转移的具有独立思想的个体，使自己的教育思想、方法、手段等都应符合学生心理及认知发展的规律。在教学中最重要的是学生主体地位能得以实现，使学生能够调动自己的注意力及思想，认真地参与到课堂中来，真正地成为学习的主人；使学生从"学会"向"会学"转变，通过让学生自己发现问题、思考问题、分析问题和解决问题，引导学生自主找出答案。教师应摒弃传统的教育思想，尽可能地为学生提供独立学习的机会、时间和空间，为学生营造出鼓励创造的环境和氛围，将学生的发展作为创新教育的起点和归宿。

（2）民主开放原则

民主开放的课堂氛围有利于学生发散思维及创造性的培养，在教学活动中，教师不应是高高在上的，应走下讲台与学生建立起独立平等合作伙伴关系。教师

---

① 李韶卿.高中生物教学应注重培养学生的思维品质[J].教育理论与实践，2016，36（5）：57-59.

应树立民主、开放、科学的教育观,从而跟学生之间建立友好的关系,不仅有利于教与学的互动活动能有序地进行,还能保证教学质量的提高。培养学生发散思维及创造性的教育过程应是一个开放的空间,学生的心理及思想不受到任何的压迫,学生可以表达自己所有的想法和观点,与同学和教师进行平等的交流。同时,教师的讲授内容也应是具有发散性、创造性的、生成性的,不应固着于教材本身,也不应局限于自身的经验。因此,在上课之前教师应从多方面搜索资料,并不断地提高自身的专业素养,做到不搞一言堂,不轻易否定学生的探索成果,从而使学生与教师能在相互尊重、相互合作的轻松自由的氛围中获得知识和能力,彻底打破传统教学方式的弊端。

(3)鼓励质疑原则

创造源于问题的解决,先有了问题,才有了对问题解决的思考,才有创新思维的可能性。教学中教师要善于设疑,以问题引导学生的好奇心和求知欲望,从而自己去探索,寻找问题的答案,在这个过程中,他们会学到知识和获得经验,培养创新思维。在教学中,教师教学的每一个步骤都应设置一些关键性的信息,并提出具有灵活性的疑问,反复引导学生进行讨论、批判和质疑。这样既能让学生置身于问题中,又能训练学生质疑和求异的思维能力。

因此,教师要鼓励学生勇敢提问,除了要引导学生从不同的角度看待问题,还要带领他们进行联想,训练他们的发散思维,从而增强他们创新的意识和能力。

(4)尊重个性原则

学生是发展中的人、具有自身独特性的人。独特性是个性的本质特征,学生个性的独特性在很大程度上决定了其思维的独特性与创造性。老师要尊重每个学生的个性,培养他们的独特性,学生不是单纯、抽象的学习者,而是具有丰富个性的完整的人,其身上具备全部的智慧结晶和人格力量。要把学生当作完整的个性的人,就必须反对割裂人完整性的做法,还学生完整的生活世界、丰富的精神生活以及给予学生展现个性与独特性的时间和空间。独特性也意味着差异性,教师不仅要认识到学生的差异,还要完全尊重学生的差异,用不同的态度及方式去培养学生的发散思维及创造性。

(5)延迟评价原则

延迟评价是在学生回答问题后,教师不必立马说出答案的正确与否,而是在适当的时间内进行引导,引发学生思考自己所提观点的正确性,从而达到不断地调整思维的学习心理。在学生提出观点后,教师可以用表情、眼神等无声语言来提示或者鼓励学生，这样一来，学生就会产生思考、回答问题的欲望，不仅能够调节学生的学习心理，还会让他们意识到教师对自己的关注，从而积极地投入学习状态中，全力寻求解决问题的各种方法，最终锻炼了发散思维。在传统教育的影响下，教师对学生所提新颖观点的评价还不够成熟，经常会给出对或错的评价，这样会使学生的思维被打断，找不到思考的方向，以致阻断了学生进行发散思考的想法，发散思维的培养就被扼杀于摇篮之中。多年来的经验证明，在教学活动中，如果教师过早地给予学生评价，那么其思维受到的框架限制就越多，从而影响学生表达自己新奇的想法，而如果教师给予评价的时间比较晚，那么学生就可以有更多的时间去进行自由发挥，面对一个问题时，会主动寻找不同的解决方案，除此之外，教师还要引导学生之间进行互动，带领学生共同寻找并解决问题。

（二）逻辑思维

1. 逻辑思维的基本模式

创造性活动及其思维过程并非单靠创新思维一己之力即可完成的，它是一个完整的过程，而恰当的逻辑思维的融入则是完成创造性活动的必要条件，而这里的逻辑思维一旦融入创造性活动，便潜移默化成为逻辑创新思维，即带有创造性色彩的逻辑思维。它们由创新思维通过比照逻辑推导而形成，主要有两种模式：逆向思维和模型思维。

（1）逆向思维

"司马光砸缸"这个故事千古流传，为了救出不慎掉入盛满水的大缸中的孩童，大家都急于想办法将其从大缸中拉出来，而司马光却急中生智，认为既然无法将孩童拉出，那么是否可以逆向而行呢？于是便有了"司马光砸缸"的典故。虽然砸破水缸可以令其中的水流出而救得孩童一事本身并无特别之处，但危急时刻，却只有司马光运用了逆向思维，而非拘泥于一贯的思维方式。如此才能够使孩童及时被救，可以说，是司马光的逆向思维救了这个孩童。人们的思维活动分为正向和逆向两种方式。正向思维指沿着人们由因而果的习惯性思路思考问题的一种思维方式。一般情况下，这种思维方式能够较为有效、经济地解决大部分常规问题，但在必要的时刻，或是需要创新之时，如司马光砸缸一事，正向思维不仅不能解决问题，反而束缚了人们的思维，压制了人们的创造性。此时，如若可以转换视角，逆向思考，往往会有"柳暗花明"的收获。这种逆向思考的思维方式就是人们常说的逆向思维，即为了实现创新过程中的某个目标，通过逆向思考，运用悖逆常规的逻辑思维以实现创新的思维方式。

所以说,逆向思维是创新的一种有效方法,也是创新所需的必不可少的思维品质。面对无法突破的事物时,若能够反过来思考,便可以对该问题有更深刻的认识和把握,同时获得意想不到的新想法和新发现。

（2）模型思维

在面对复杂问题时,常规思维可能无法提供明确的指引。此时,我们需要寻求一种新的思维方式,那就是模型思维。模型思维并不总是与常规思维相悖,相反,它常常源于拓宽视角和借鉴类似事物的成功经验。通过观察并模仿现有的原型设计,我们可以创新出类似的行为、物品或系统。模型思维在逻辑结构上属于类比思维的一种,但与一般的类比思维相比,它更加注重事物间的相似性和连接性。它不仅关注事物的共性,还特别强调对事物构造和状态的模仿,从而激发创新思维并推动创新实践。

具体来说,模型思维的特点主要包括求同性、选择性和形象性。所谓求同性,即模型思维是建立在事物间的相似规律基础上的,这也是类比思维的基本特性。世界万物之间皆有相似之处,而模型思维正是在探寻这些相似之处的同时,异中求同,完成模拟,达到创新。所谓选择性,即模型思维其实是在分析的基础上选取原型的某一方面为己所用,它并不是"来者不拒"的,而是在反复比较、分析之后再进行选择的结果。所谓形象性,顾名思义,其实就是模型思维所模拟的对象总是具有一定的形象性。例如,飞行员所穿的"抗荷服"是根据长颈鹿能够通过自动收缩而控制血压的"厚皮"模拟而来。其中,"抗荷服"与"厚皮"一样可以缓解飞行员在飞行过程中由于飞行高度改变而带来的脑血管压力,这是功能上的求同;而科学家只选取了长颈鹿的皮肤部分进行模拟,这是模拟的选择性;在对"厚皮"进行模拟时,其皮肤的自动收缩功能离不开具体的皮肤和血管形象,这便是模型类比思维形象性的体现。

2. 逻辑思维的基本规律

思维规律是思维形式的应用,是人们思维运行准确的逻辑基本规则。思维的基本规律主要是同一律、矛盾律、排中律、充足理由律。

（1）同一律

同一律是以保证思维的准确性为基础,澄清谬误,揭露诡辩的逻辑基本规律。它是对同一思维过程而言,每一个思想与自身的同一性,每个概念、命题必须具有确定的内容。也就是说若时间变了,事物的概念、命题发生变化并不违反同一律。

（2）矛盾律

矛盾律亦称不矛盾律，它是指在同一思维中，两个相互否定的思想不能同时为真，即同一主体在同一时间、同一关系中不能做出自相矛盾的判断，其中有一必为假。例如，方桌是圆的，就是逻辑矛盾。

（3）排中律

排中律是指在同一思维过程中，同一主体在同一时间、同一关系相互否定的思想不能同时为假，必须肯定其中之一，不能模棱两可。

（4）充足理由律

充足理由律是反映思维论证逻辑特征的基本原则。在同一思维和论证过程中，若要确定判断一个真思想，必须有充足理由进行推论，且该充足理由必须为真实。这就跟我们学习历史时常说的"论从史出"是一个道理。

同一律、矛盾律、排中律、充足理由律的目的都是保证思维逻辑的准确性，用公式来表示四者的关系如下：

①同一律：A 是 A。

②矛盾律：A 不是非 A。

③排中律：A 或者非 A。

④充足理由律：A 真，因为 B 真，且 B 可以推出 A。

3. 逻辑思维的基本方法

逻辑思维是人们在认识世界的过程中借助概念、判断、推理、论证等思维形式能动地反映客观现实的理性认识过程。逻辑思维的基本方法包括比较、分类、分析、综合、抽象、概括、归纳、演绎的方法。

（1）比较与分类

比较是对两个或两个以上的客观事物的相同点和不同点的对比，从而把握事物之间联系与区别的逻辑思维方法。当思维对象呈现在人脑海中时就会产生比较，比较是有计划、有目的认识活动。它分为横比和纵比两种。学生在学习中常常用到横比和纵比的方法，横比是指同一时间内，在不同区域中事物之间的比较；纵比是在同一区域内的事物在不同时间阶段的比较。横比是为了发现事物之间的矛盾和联系，了解事物的多样联系和揭示事物的本质和特征；纵比是为了揭示事物在不同阶段的发展变化和规律。无论横比还是纵比，学习都是通过比较的方法，把材料中复杂的事物分门别类，在共同中寻找规律，在不同中探索矛盾的特殊性。

分类是根据对象的共同点和差异点，把对象分为不同种类的逻辑思维方法。分类是以比较为基础的，通过比较，才能确定对象的共同点和差异点以进行分类。分类的客观依据是客观事物的共性与个性，共性使我们可以将事物进行归类，个性又使我们可以将事物相互区分。依据人类对事物的认识是从现象到本质的深入过程，分类可分为现象分类和本质分类两种类型。一般地说，分类多先从现象分类开始，由于这种分类是仅就事物的外在联系或外部特征为划分依据的，因此，现象分类常会把本质上相同的事物划分为不同的类，而又把本质上不同的事物划分为同一类。本质分类是依据事物的内在联系和本质属性的同异而进行的分类。有时，这种分类方法本身就可以为我们提供新的知识和科学预见。

（2）分析与综合

分析是把思维对象的整体客观事物分解为该事物的简单组成部分，并对此加以深刻剖析、考察、研究，从中找出这些部分的本质属性和整体间关系的逻辑思维方法。综合则是从整体上把握研究对象的逻辑思维方法。分析和综合这两种逻辑思维方法之间可以互相渗透和转化，它们的关系是相互依存的。在分析的基础上进行综合，有助于思维的拓展，在综合整体之后进行分析，可以帮助人们对事物的部分有更加深刻的认识。概念的形成通常都是分析与综合的结果，在研究过程中，分析与综合也是较为常用的科学思维方法，分析是从简单到复杂的过程，如定性分析、定量分析、因果分析、结构功能分析。

在此要说明，综合是把思维对象的各部分元素联系起来形成整体认识的逻辑思维方法。综合是联系事物本质的中介，它克服了因分析造成的对事物的割裂认识，从而把握事物的内在本质及其规律。分析与综合，在学习中，发挥各自作用。通过分析，探寻事件发生的背景和过程，在背景和过程中使问题明晰化，从而为认识整个事件奠定基础；通过综合，把握现象的本质和规律，推动进行深入分析，使学生在分析与综合的相互促进作用中加深对知识的理解与内化。

（3）抽象与概括

抽象是指舍弃具体事物的非本质属性，抽取其本质属性的思维活动过程，是去伪存真、去粗取精、由此及彼、由表及里的思维活动。也就是说，抽象是在比较和分析的基础上，抽取具有本质特征和同类属性事物的逻辑思维方法。概括与抽象相伴而生，它们是形成概念的必要手段，在比较和区分、舍弃和抽取的思维操作过程中，帮助学生辨析概念，通过从抽象到具体、从个别到一般的辩证过程来认识整个事件。

（4）归纳与演绎

归纳是将从独立存在的个别事物和现象中得出的结论，经过逻辑演绎为一般原理或普遍规律的逻辑思维方法，即从个别的事物或现象中找到带有规律的东西，通过归纳得到该类事物或现象的普遍性的认识和结论。在学习中，常用到的归纳方法有举例归纳、统计归纳、典型分析归纳等方法。

归纳与演绎是以判断、推理的逻辑形式存在的，演绎推理分为简单判断推理和复合判断推理两种。在学习中，我们常用到简单判断推理，即对事物性质和关系的判断推理。对事物的性质我们可以直接推理也可以用三段论的方法进行推理，三段论是由大前提、小前提、结论三部分组成的推理方法。运用比较、分类、分析、综合、抽象、概括、归纳和演绎的方法，有助于学生厘清脉络，在逻辑演绎中寻找事实，建构以学生为主体的知识。

（三）形象思维

1. 形象思维的概念

形象思维指的是，人们在认识世界的过程中对实物表象进行取舍，以反映事物的形象特征为主要任务的思维方式，即它实际上就是用"形象"想问题。"形象"这个概念最早是由 19 世纪的文艺理论家在研究文艺创作问题时提出的。或许正是由于这个原因，长期以来，人们一直将形象思维划分给艺术家，而将逻辑思维划分给科学家，其实并非如此，在创新活动中，形象思维不单属于艺术家。形象思维主要包括想象和联想。想象，是指人们通过对保存在记忆中的表象进行加工、改造，使其创生出新形象的过程。作为形象思维的一种基本形式和方法，它可使人们的思维得到不断的延伸，从而创造新事物或新形象，使人们在创新的过程中不断超越并完善自我。

因此，联想由于其本身的无拘束特点而拥有广泛的基础，联想的天地是广阔无垠的，它没有固定的门窗，没有规定的空间，没有指定的方向，更没有具体的条件，任何人都可以联想，任何事物都可以被联想，只在于联想的主体是否具有相应的思维意识，是否能够在尽可能大的范围内展开联想并激发创新活动。

2. 形象思维的特点

形象思维是围绕表象进行思维的过程，在这个过程中表现出来的特点主要有形象性、直觉性、非语言性、情感性。

（1）形象性

人的整个形象思维过程都离不开形象。人在运用头脑中的表象进行思维的过程中，伴随着感知、联想、想象、理解、情感等心理活动。抽象思维是用概念、词语、符号等进行思维，对抽象的信息进行判断、推理的过程；形象思维虽绝大多数可以用语言表达出来，但用语言表达出来的内容只是形象思维的结果，形象思维的过程仍然离不开对表象的加工，用反映客观事物的具体形象作为材料进行思维。

清代画家郑板桥的"眼中之竹""胸中之竹""手中之竹"的创作经验就是运用形象思维的表现："眼中之竹"是画家通过多次的感官观察形成知觉，即在大脑中形成竹的表象；"胸中之竹"是对大脑中竹子的表象进行分析、判断、加工的思维结果；"手中之竹"是大脑对竹的表象加工后，形象思维结果外化的形式。

（2）直觉性

抽象思维按照步骤、程序不断地推进，形象思维直接跳过这些过程，瞬间产生思维的结果。值得注意的是，形象思维的直觉性并不是短时间训练出来的，需要通过长时间的思索。世界杰出科学家钱学森在给杨春鼎教授的信上谈道："灵感思维又称顿悟思维，是强调其突发性。其实，形象思维也是在长时间思索后的突然发现，但我个人体会是：突发是最后一秒钟，但准备阶段则可能是一小时、几天甚至更长"。[1] 钱学森的话表明，形象思维与灵感思维一样，都具有突发性，这种突发性是在长时间的思索后产生的。

（3）非语言性

形象思维是用形象进行思维的，形象是没有语言的，因此我们可以说形象思维具有非语言性的特征。就像看默片电影一样，人们看到电影屏幕上的画面，能够理解电影播放的内容。当我们用语言描述物体、一个场景、一个过程时，似乎是把大脑中的形象直接用语言表达出来，其实不然。

形象思维的结果是用语言间接表达出来的。当我们描述一个熟悉的场景或者物体时，语言和形象紧密地联系起来，一旦让我们描述陌生的场景或物体时，语言和形象不能马上统一起来，我们先在大脑呈现画面，而后再用语言把画面描述出来，也就是说形象思维与语言是不同步的。与之相反，抽象思维与语言的关系是直接的，头脑中想到的与写出来的基本上是一致的。

---

[1] 杨春鼎.形象思维学［M］.长春：吉林人民出版社，2010.

（4）情感性

美国心理生物学家罗杰·斯佩里（Roger Sperry）教授等人对裂脑人的一系列实验表明，大脑两半球各自具有不同的分工，大脑左半球用语言进行思维，右半球用感觉形象进行思维。人们通过感官的作用在大脑反映客观事物，这是人们对客观事物的认识，情感是人们对客观事物的态度，二者是先后关系，情感后于认识。由于大脑两半球分工的不同，进入大脑的感觉物象，在左半球会被加工成概念、词语等形式，而在右半球直接以感觉物象进行思维。因此，可以说形象思维是具有情感性的，人们常说的"只可意会，不可言传"便是说有时语言无法表达情感。

（四）直觉思维

1. 直觉思维的概念

直觉是一种普遍的心理现象，是一种基本的思维方式，在任何领域都有一定的作用。直觉思维是人脑的一种高级机能，从人已有的知识经验出发，对问题的本质直接把握和洞察，不依赖紧密的逻辑分析，以跨越的方式直接找到答案的思维过程。[①] 它在思维对象上区别于直观思维和形象思维；在思维形式上区别于灵感思维；而在思维状态上与直观思维一样，区别于形象思维和逻辑思维；在思维过程方面则区别于逻辑思维；整体上又与形象思维和逻辑思维是辩证统一、相互依存的关系。

直觉思维在许多重大的科学创造中起过关键性的作用。很多情况下，科学家对某些突然出现的现象提出猜想和假说都属于直觉思维。古希腊哲学家阿基米德（Archimedes）在浴缸洗澡时突然发现浮力定律，英国生物学家查尔斯·罗伯特·达尔文（Charles Robert Darwin）在阅读英国经济学家马尔萨斯（Malthus）的《人口论》时提出"自然选择理论"，德国气象学家阿尔弗雷德·魏格纳（Alfred Wegener）在看地图时突然闪现出"大陆漂移"观念等。这些都是直觉思维的典型例证。

逻辑思维固然重要，但有时很多成功要靠直觉思维而非逻辑思维。奥地利心理分析大师西格蒙德·弗洛伊德（Sigmund Freud）曾有过这样的观点：做小决定时，应当依靠你的理性，把利弊罗列出来，分析并做出正确的决定；当做大的决定，如寻找终身伴侣或决定职业发展方向时，你就应该依靠你的潜意识，因为这么重要的决定必须以心灵深处的最大需要为依据，即听从内心的召唤，跟着感觉走。

---

① 董春爱. 对数学教学中非逻辑思维能力培养的思考［J］. 科教文汇, 2009（6）：118.

2. 直觉思维的特点

直觉思维无论从产生方式、产生过程、产生结果，还是产生主体方面都具有自身的特点。

从产生方式来看，直觉思维具有直接性。直觉思维是对事物或者对象的直接把握，是从整体出发思考问题，不需要有烦琐的过程，它能够帮助我们快速地解决问题。

从产生过程来看，直觉思维具有迅速性。直觉就是一种"瞬时的闪念"。直觉是在已有知识经验的诱导下瞬间产生的，转瞬即逝。有的专家学者在散步的时候看到某个事物或者在某个时刻直觉忽然出现，迅速地记下来，经过大量的验算最后得出了著名的结论；也有的专家学者在睡梦中产生了直觉，立马起身将它记下。因此，当直觉产生的一瞬间要抓住它，不然就会彻底消失。

从产生结果来看，直觉思维具有或然性。直觉思维是一种非逻辑思维，它是人脑对于突然出现的新问题、新事物和新现象能迅速理解并做出判断的思维方式，是对逻辑思考过程的高度减缩，其结果的正确性有待论证，有可能是对的，也有可能是错的。无论是在散步中得到的直觉还是在睡梦中得到的直觉，之后都是经过了大量的逻辑验证才能得出结论。因此，不能盲目地相信直觉产生的结果，也许它会带来偏见和错误，要清楚直觉只是提供了一个方向，正确与否还需要借助逻辑思维来验证。

从产生主体来看，直觉思维具有自发性。直觉产生的整个过程，都是思维主体自发的行为，是一种无意识的思维活动，它在人脑中的运行速度非常快，不怎么消耗脑力同样也不受人意识的控制。

（五）辩证思维

1. 辩证思维的概念

在我国五千多年的文化发展长河中，辩证思维作为一种思维方式出现在我国古代思想家的理论中。老子是我国伟大的思想家、教育家，其道家理论中蕴含着丰富的辩证思维理论。老子提出的难易、高下、前后、祸福等，皆构成相反相成的关系。其矛盾理论，是我国古代辩证法的雏形，为后来的辩证法思想奠定了坚实的理论基础。兵家代表人物孙武是伟大的军事理论家，他在《孙子兵法》中系统阐述了辩证思想。其中，"乱生于治，怯生于勇，弱生于强"，揭示出了乱治、怯勇、弱强等之间相反相成的关系；"致人而不致于人"更体现出了掌握战争主导权的重要性。孙武的一系列军事战略思想，包含矛盾、联系、尊重客观规律等辩证思维的基本内容，是中国古代辩证思维的重要表现，其理论对当代社会思维发展研究具有十分重要的借鉴和指导意义。

孔子是古代辩证思维的主要代表人物，早在《学记》中就阐述了学与思之间的辩证关系。孔子注重知识的学习，更注重其弟子善思、多思能力的培养，学与思的结合是关于思维能力培养的早期形式。作为我国古代科举考试的必读书目，《大学》系统论述了个人与社会、国家之间的相互依存关系，这一思想反映了辩证法联系的观点。毛泽东同志在辩证思维的运用和发展方面做出了卓越的贡献。在《关于正确处理人民内部矛盾的问题》中，毛泽东系统阐述了矛盾理论，全面分析了当时社会的现实状况，这一论述为后来社会主义矛盾学说的发展奠定了基础。邓小平在毛泽东思想的基础上，丰富和发展了辩证思维理论。邓小平强调，看问题办事情要坚持"两点论"和"重点论"相结合的方式。

进入新时代，习近平总书记更加重视辩证思维的重要地位，并将其作为一种重要思维方法不断运用和完善。习近平总书记曾多次提到，要善于运用辩证思维、历史思维等科学思维方式；要有强烈的问题意识。辩证思维贯穿习近平总书记治国理政的全过程和各方面。习近平总书记坚持运用辩证思维来分析工作中的一切问题，深刻把握其中的辩证统一关系。习近平总书记逐渐丰富辩证思维的内容和形式，使辩证思维的内涵更加合理和科学。

综上所述，所谓辩证思维可理解为，在马克思主义思想指导下，用全面、发展、联系、系统的观点对客观事物进行反映的一种思维方式，是指导个体正确认识客观事物、解决现实问题的一种思维方式。辩证思维要求个体坚持科学的世界观和方法论，认真学习辩证思维知识，既要注重外部灌输，也要依靠内部领悟，坚持内外联动，从而更好地促进辩证思维能力的养成。

2. 辩证思维的特征

辩证思维作为哲学思维形式的最高层次，有着不同于其他思维形式的特点。

（1）全面性

辩证法在分析客观事物时，采用全面的观点，对认识对象的各个要素进行全面思考，从全方位对认识对象进行考察。除了考察事物的现象与本质、内容与形式、肯定方面与否定方面、必然性与偶然性等矛盾的对立面外，更注重从事物内部矛盾的各个方面去把握事物的联系。这使得辩证法能够更准确地揭示事物的本质和规律，而形而上学则往往采用片面的观点看问题，导致对事物的认识不够全面和准确。这也是辩证法和形而上学的一个重要区别。

（2）发展性

事物是不断运动、变化和发展的，人们在改造客观世界的过程中，需要采用动态的思维方式去认识和思考对象，即用变化和发展的观点来看待问题。只有这样，人们的思维才能正确地反映事物的发展过程。辩证思维要求我们用发展的观点来考察认识对象，把认识对象看作是不断变化和发展的。通过不断地更新认识，我们能够更准确地理解和把握事物的本质和发展规律，从而更好地指导实践。

（3）批判性

马克思主义辩证法的核心是对立统一，认为事物的内部矛盾是推动事物发展的力量。矛盾具有同一性和斗争性两个基本属性。同一性指的是矛盾双方相互一致、相互贯通的一面，而斗争性则是指矛盾双方相互区别、相互排斥和相互差异的一面。辩证思维总是从事物的内部矛盾运动中去认识事物，其核心就是从普遍与特殊的统一中求同存异。可以说，矛盾是构成事物存在的根本依据，这也使辩证法具有了批判性的特征。

第二节　大学生创新技法

一、大学生创新技法的相关概述

（一）创新技法

创新技法是创新方法、创新经验及创新技巧的总称。创新技法就是创造学家根据创新思维的发展规律总结出来的一些原理、技巧和方法，目的在于拓展创新性思维的深度和广度，提高创新活动的成效，缩短创新探索的过程。一个人仅有创新思维而没有正确的创新技法不可能实现创新，掌握创新技法对于培养和提高人们的创新能力具有重要作用。目前，具有代表性的创新技法有类比法、5W1H法、头脑风暴法、基于TRIZ理论的创新方法、可拓创新方法等。

1. 类比法

类比法是人类社会历史长河中极具普遍性的科学思维方法，对人类科学技术的进步与发展的功绩是无可撼动的。类比法的应用范围广、领域多、时间长，人们对于其本身的价值探讨也已有较为稳定的描述，从古至今的研究者对其定义的论述也基本一致。梳理关于"类比"的定义的关键词，有"两种事物""一类对象与另一类对象""未知属性""推理"等。基于上述概念，"类比"可定义为：

将未知的事物与已知的事物进行对比,找出其相似性,认识事物的本质。

类比法又可以称为类比推理法,是指通过对一种事物与另一种(类)事物对比而进行创新的技法。《辞海》中对"类比推理"的定义为:根据两种事物的某些相似性推出其在其他方面的相似性的推理。值得注意的是,类比推理具有不确定性,如果两件事物中的共性较少,那么由已知推出未知的结论的准确性就会变低,换句话来说,这样类比得到的结果就可能是不客观的、片面的,甚至是错误的,以上的过程就被称为机械类比。

一般来讲,类比法可分为以下几类。

(1)简单共存类比法

简单共存类比法是以简单共存关系为基础进行的推理方法,其中简单共存关系是事物性质存在于事物本身,其他关联性仍未知。简单共存类比法的模式如表4-1所示。

表 4-1 简单共存类比法的模式

对象	被类比的特性
A	a,b,c 和 d 有共存关系
B	a′,b′,c′ 与 a,b,c 分别相同或相似 所以,B 对象中可能共存 d

这种类比方法的可靠性较低,属于最初级的类比方法。

(2)因果类比法

因果类比法是依据两个或两种事物之间的共同特征推出其共性之间具有某种因果联系的推理方法。因果类比法的模式如表4-2所示。

表 4-2 因果类比法的模式

对象	被类比的特性
A	a,b,c 和 d 有因果关系
B	a′,b′,c′ 与 a,b,c 分别相同或相似 所以,B 对象中可能与 d 有因果关系

在对象 A 中,a、b、c、d 之间的关系不仅是共存的,而且是因果联系的。这种关系在 A 中是不可避免的。

（3）对称类比法

对称类比法的基础是两个研究对象之间客观存在某种对称关系，以对象之间两个属性或两类属性的对称性进行类比。对称类比法的模式如表4-3所示。

表4-3 对称类比法的模式

对象	被类比的特性
A	a与b有对称关系
B	a′ 所以，B对象可能有与a′相对称的b′

由于对称类比法中的两个事物的对称属性是相对应的，所以对称类比法的客观性会比因果类比法的客观性强。对称性具有差异性和相对性，其中，差异性是对统一性而言的，具体指不同事物的属性有不同的对称性；相对性是对绝对性而言的，具体指对称性的适用有其相应的范围与条件。因此，对称关系在两种事物之间不一定存在特定联系。

（4）模型类比法

模型类比法基于两个问题之间在相应模型的表达上存在某些相同的特征，由此类比推出两者存在更多的相同特征。模型类比法的模式如表4-4所示。

表4-4 模型类比法的模式

模型	被类比的特性
A	a，b，c
B	a′，b′且与a，b分别相同或相似 所以，B模型中可能有c′与c相同或相似

在类比时要注意模型与数学本质之间的关系，如果不经甄别而滥用模型类比法，容易引起对问题认识的本质错误。灵活地运用模型类比法，对个体思维能力和创新能力的提升都会有重要意义。

（5）综合类比法

综合类比法区别于上述几种类比方法，它并不是从单一角度而是从多角度对研究对象之间的多属性关系进行类比的一种综合推理方法。综合类比法的途径相对于单一关系类比方法来说更多，并且得到的结论因为多重关系的存在而更加具有理论性。显然，综合类比法的本质就是将不同事物的相似属性在性质、关系等多个方面进行类比，从中构建似然性的逻辑结构，并尽可能地将它们的本质联系和区别进行辨别、区分与融合探究，再运用相关的定量模型进行类比与抽象。这种方法已经逐渐普遍地运用到多个领域的科学研究、技术改造以及创新发明上。

2. 5W1H 法

5W1H 就是对某个环节进行系统的、合理化的分析。5W 包括作业内容（What）、为什么这么做（Why）、什么时间（When）、什么地点（Where）和作业者是谁（Who），1H 指的是怎么进行作业（How）。在具体运用时，就针对这六个方面进行提问，认真分析其流程是否科学、合理，再对从中发现的不合理的环节进行深入研究，确定如何改善才能取得最佳效果。5W1H 法是一种思考方法，也可以说是一种创新技法，5W1H 法的具体提问内容如图 4-1 所示。

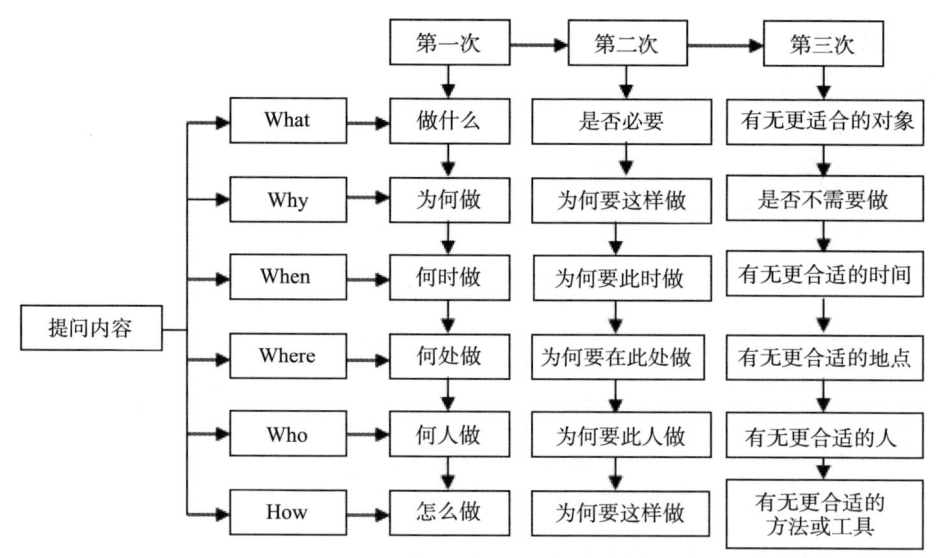

图 4-1　5W1H 法的具体提问内容

3. 头脑风暴法

头脑风暴法亦名智力激励法，该方法主要是小组人员在正常融洽和不受任何限制的气氛中以会议形式进行讨论、座谈，打破常规，积极思考，畅所欲言，充分发表看法，是无限制的自由联想和讨论，其目的在于产生新观念或激发创新设想。

头脑风暴法一般通过组织小型讨论或会议，让所有参加者在相对轻松的环境中扩展思维、互相启迪，以达到形成创造性思维的目的。可以说，头脑风暴法的实质是一种会议讨论，强调让所有参与者尽量产生更多意见或建议，所有参与者都可以以某个被提出的意见或建议为基础提出更多意见或建议。头脑风暴法鼓励所有参与者发散思维、畅所欲言，其他参与者不对此发表意见。

在解决创新性问题的时候，经常采用头脑风暴法。头脑风暴过程主要有三类参与者，分别为主持者、解决问题方案的提出者以及问题提出者。这三类参与者在整个头脑风暴过程中起着不同的作用。主持者主要推进整个讨论的流程，促进方案提出者产生想法；解决问题方案的提出者在对问题进行全面分析后，基于自身的经验和知识产生解决问题的新想法，并全程跟随主持者的流程进行推进；问题提出者需要完全了解所需要解决的问题，并在最后解决问题方案的提出者提出的所有方案中进行选择，最终得到解决该问题的最好方案。在每一轮头脑风暴中，都会产生在此轮中对问题解决的最优方案，同时，该最优方案也会作为下一轮头脑风暴的线索，产生新的方案。头脑风暴的主要目的是希望集中所有参与者的集体智慧，产生更优的、不可预期的，同时具有创新性的解决方案，从而攻克一些新型问题。为了产生更多样化的方案，可以针对头脑风暴过程提出以下四条规则：暂时不对当前所提方案进行判断；接收当前提出者提出的所有方案；将当前方案作为线索，产生新方案；尽可能产生足够多的方案。这四条规则的目的是让头脑风暴小组有尽可能开放的思维，以便他们产生尽可能多样化的方案，而主持者的一个主要作用是促进头脑风暴小组成员遵守上述四条规则。

此外，在组织头脑风暴活动时，应遵循以下几条原则：①自由畅想：不要受到条条框框的限制，大胆地去进行构思，掀起一场思维的风暴。②延迟批判：在小组活动时，当其他组员发言时，即使说出的想法很不合理，也不可以去批评，因为这种不合理的想法即使现在无法实现，在以后科学技术进步了以后也有可能成为现实，而且这种天马行空的想法有可能诱发其他组员产生新的想法。因此当场不做任何评价。③以量求质：头脑风暴法的目标就是获得尽可能多的设想，所以参与者的设想越多越好。④综合改善：刚才产生的这么多的想法，肯定有一些在目前来说是天马行空的，有一些是可行性比较高的，这个时候可以把可行性高的方案综合在一起或在别人设想的基础上去进行综合改善。

4. 基于 TRIZ 理论的创新方法

TRIZ 是"发明问题解决理论"的首字母缩写，我国一般将其翻译为"萃智"

或"萃思"。TRIZ创新方法由苏联发明家阿奇舒勒（Altshuller）创立。阿奇舒勒及其研究团队通过对数以百万计的专利的梳理与分析，总结归纳了发明的共性原则和方法——TRIZ创新方法，它是一套用于指导人们发明创造的方法学体系。TRIZ创新方法指出，专利中包含有大量的技术创新信息，只要对专利中的技术知识进行分析，归纳出问题的解决模式，就可以利用这些模式创造性地解决发明问题。2004年，美国发明机械公司提出语义TRIZ创新方法。语义TRIZ创新方法是传统TRIZ创新方法与计算机技术相结合的产物，其核心是利用语义技术自动或半自动索引专利中的技术信息，能够表示专利特有的技术知识，包括技术问题、技术方案、技术功能和技术效果。因此，语义TRIZ创新方法可以从语义层面有效挖掘和利用专利信息，促进技术创新。

在创新工具方面，TRIZ创新方法主要面向计算机辅助创新（Computer Aided Inventive，CAI）系统开发了相关工具。围绕TRIZ创新方法开展的CAI研究主要包括规范TRIZ创新方法的应用过程、开发CAI软件等，强调利用计算机程序化、计算能力强的特点规范化TRIZ工具的使用流程，改善TRIZ工具的可操作性。

目前，比较有代表性的CAI工具有美国的Goldfire Innovator、Innovation Work Bench（IWB）、比利时的CREAX Innovation Suite，国内有Pro/Innovator、Invention Tool等。上述CAI工具的具体介绍如表4-5所示。

表4-5 基于TRIZ创新方法的代表性CAI工具

工具名称	工具介绍
Goldfire Innovator	以TRIZ创新方法为基础的专利知识管理平台，为企业系统解决工程技术问题提供结构化流程
Innovation Work Bench	根据TRIZ创新方法的应用流程开发，规范化组织TRIZ工具，集成真实案例，激发创新思维，提高创新效率
CREAX Innovation Suite	结构化、规范化的创新流程分析软件，用于分析技术创新的核心问题，以寻找潜在的创新方案，可以帮助使用者系统处理工程问题
Pro/Innovator	将TRIZ创新方法引入基于本体的知识表达，集成核心发明专利知识库，提供专利查询、问题分析、系统分析、解决方案、方案评价等功能模块
Invention Tool	包含冲突解决知识库、效应知识库、技术进化知识库和标准解知识库，每个库中都包含多条知识，通过关键词检索提供一系列解决方案供参考

综上所述，TRIZ 创新方法和工具可以提高创新的效率与质量，但仍存在面向特定领域支持不足、人工挖掘专利知识成本高等问题。因此，在大数据背景下，利用机器学习和人工智能技术挖掘特定领域专利文献中的实体及关系，为特定领域的应用提供知识支持是 TRIZ 创新方法的重要发展方向。

5. 可拓创新方法

可拓创新方法是可拓学学科体系中用于生成创意的方法，它运用可拓学的基本理论，对有待解决的问题进行形式化、模型化以及定量化分析，以生成解决问题的多种创意。下面主要介绍拓展分析方法、可拓变换方法以及优度评价方法。

（1）拓展分析方法

拓展分析方法是建立在基元基础上的一种方法，其中基元的任何对象都具有拓展的特性。通过分析基元的拓展性可寻找基元特性或量值的相关元素或者下位元素，从而拓宽问题求解的路径。拓展分析方法包括发散树方法、蕴含系方法、相关性方法、分合链方法等，其中每一种方法又可细分多种规则，如表 4-6 所示。

表 4-6　拓展分析方法

拓展分析方法	规则
发散树方法	一对象多特征多量值 多对象一特征多量值 一对象多特征一量值 多对象多特征一量值 多对象一特征一量值 一对象一特征多量值
蕴含系方法	或蕴含、 与蕴含
相关性方法	同对象异特征相关 异对象同特征相关 异对象异特征相关
分合链方法	可组合规则 可分解规则 可扩缩规则

（2）可拓变换方法

拓展分析方法可以给出创新或解决矛盾问题的多种途径，但要实现创新或获得解决矛盾问题的创意，还需结合可拓变换方法。可拓变换方法是在拓展分析的基础上，把一个对象变为另一个对象或者分解为若干个对象，从而获得多种变换路径的方法。可拓变换方法包括基本变换方法、变换运算方法、传导变换方法等，每一种变换方法包含多种变换规则，如表4-7所示。

表4-7 可拓变换方法

可拓变换方法	规则
基本变换方法	置换变换、增删变换、扩缩变换、分解变换、复制变换
变换运算方法	积变换、与变换、或变换、逆变换
传导变换方法	同对象异特征基元传导变换 异对象同特征基元传导变换 异对象异特征基元传导变换

（3）优度评价方法

在问题的求解过程中，往往会获得多个解决问题的方案，因此，需要从多种方案中选取较优的方案。优度评价方法是从不同的角度衡量事物的优劣，利用关联函数定量地计算各种衡量指标的关联度，从而客观地选取符合条件的最优方案，避免人为的主观选择性和判断性。优度评价方法的基本流程如图4-2所示。

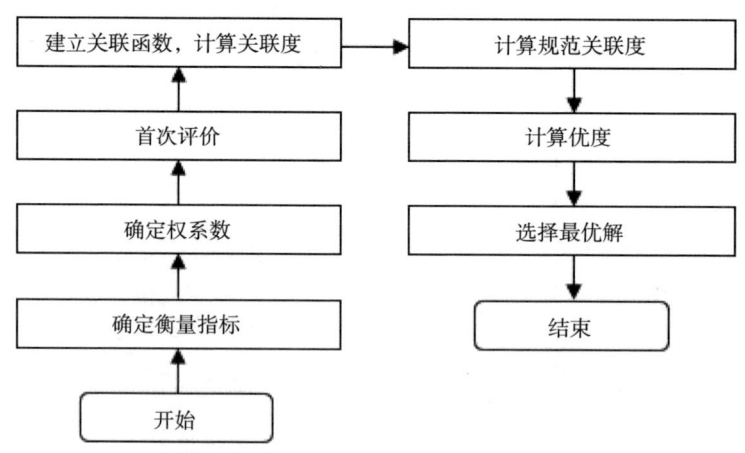

图4-2 优度评价方法的基本流程

（二）大学生创新技法的特征

所谓大学生创新技法就是以大学生创新思维的基本规律为基础，通过对大量的创新成功经验进行归纳、分析、总结而得出的大学生进行有效创新、创造与发明的技巧和方法。可以说，大学生创新技法是大学生创新经验、创新技巧及创新方法的总称。它是一种大学生根据创新原理解决创新问题的创意，是促使大学生创新活动取得成效的具体方法和实施技巧，是创新原理、技巧和方法融会贯通以及具体运用的结果。

在大学生创新活动中，创新技法起着重要的作用。它可以启发大学生的创新思维，拓展其创新思维的深度和广度；它能够缩短创新探索的过程，直接产生创新成果；它还能培养和提高大学生的创新能力，促进创新成果转化。

一般来讲，大学生创新技法包括以下特点。

1. 应用性

应用性是指大学生创新技法具有一定的引导性和可操作性。创新技法大多数比较具体，不是一般意义上相对模糊、笼统的方法。有步骤、有技巧地运用创新技法，能够有效地引导大学生进一步发展创新思维能力，也能够把创新理论和创新实践对接，指导实践，从而促使大学生将创新思维转化为创新成果。

2. 技巧性

技巧属于"方法"的范畴，主要指对一种生活或工作方法的熟练和灵活运用，是一种与学习训练有关的活动。大学生创新技法在运用时需要丰富的经验与技巧等因素的参与。因此，大学生创新技法的掌握需要多实践、多运用、多练习。一般来说，原理是解决问题的基础，方法是解决问题的前提，技巧是解决问题的保证。

3. 程序性

尽管大学生创新技法主要运用于创新的过程，不拘泥于以往旧的模式，但是作为一种方法、技巧，必须遵循一定的程序，遵守一定的规则，具有明确的实施步骤。大学生创新技法的程序性主要体现在它是思想方法系统化、模式化的表现。

4. 多样性

多样性是大学生创新技法的显著特点。就大学生而言，在应用创新技法时必须因人、因地和因时制宜，必须以探索的观点来运用创新技法，来了解创新规律并指导创新活动。因此，大学生创新技法的种类会越来越多。

二、高校开展创新技法训练的意义和作用

(一) 有利于培养大学生的创新思维能力

一般来讲,创新思维能力可以培养,但需要适当的教育。创新技法的学习和锻炼对创新思维能力的培养很有功效,这是西方创造教育研究和实践中得到的宝贵经验。中国大学生的思维特征普遍表现为形式逻辑思维能力高于直觉思维能力,形式逻辑思维方法的运用远高于直觉思维方法。学校教育,特别是应试导向教育,可以让学生在正式的逻辑思维能力培养中接受逻辑和系统的训练,相应地,学生的直觉思维能力就在下降。

(二) 有利于培养大学生的创新精神

通过一定的创新实践活动,实现专业知识与创新方法的融合,从而实现对创新技法的认识,可以更为深刻地领略创新精神,这是创新能力形成的灵魂之所在。而这种创新精神,亦会付诸那些以充分运用创新方法和技术为前提的创新活动之中。

第三节　大学生创新意识

一、大学生创新意识的相关概述

(一) 创新意识的特征

1. 创新意识的概念

在过去的研究中,创新意识通常被看作一个人对于创新与创造力的认知与态度,它是一个人进行创造性行为的内在动力。

创新意识指的是根据个人成长、社会发展等需求,逐渐产生出来的创造新颖事物的动机和想法,并在实际生活中表现出的创造意愿。学生的创新意识主要是指学生在学习过程中敢于突破传统思维,敢于用新观念、新举措、新方法分析解决问题的一种思维活动。创新意识从本质上来说是指一类能长久保持的精神状态,创新意识是一种对于创新意义和价值观的个人认识以及由此产生出的创新态度,并以这种态度来调配和规划自己行为方向的精神态势。

创新意识是一种学生对待创新行为与活动的理性认识。一般可以将创新意识

分成三个层面。第一个层面是关于学生对于创新的认识水平，第二个层面则是根据在第一个层面上的认识和已有的认识之上而产生的对于创新的欲求，第三个层面是依据对于创新所产生的愿望而转变为对于具体行为的愿望。

综合以上对创新意识概念的不同阐述，可以得出创新意识是对推崇创新、解决问题、渴望创新的一种认识、意念、动机、愿望、心理取向或精神状态。此处把创新意识界定为：创新意识是人们在遵循客观事物发展的本质规律的前提下，结合现实社会和个体生活发展的需要，引起创造新事物、新价值的活动过程或理念的动机，并在创造活动过程中表现出的规范化的认识、意念、动机、愿望、心理取向或精神状态。

2. 创新意识的特征

创新意识具有差异性、新颖性及质疑性三大特征，每个特征都有其各自的本质内涵和表现形式，具体如下。

（1）差异性

在现实社会中，人类之间的差异性显而易见，这种差异体现在许多方面，包括智力、外貌、思维方式、性格和行为方式等。由于每个人存在差异，尤其是思想和思维上的差异，因此创新意识也呈现出明显的差异性。我们每个人的生活方式、受教育程度、受教育环境、社会地位、兴趣爱好都不尽相同，而这些因素和创新意识的形成有着密切的联系，这也导致了每个人的创新意识存在差异。在创新意识的培养过程中，强调创新意识的差异性是为了尊重每个创新主体的个性化发展，保护他们的创新积极性，而不是鼓励每个人随意地标新立异，不顾客观规律。

（2）新颖性

创新意识是人类追求未知真理、开创新事物的重要思想活动。它通过对已有事物进行怀疑和否定，不断突破和飞跃，从而实现创新。创新意识需要强烈的好奇心和敏锐的洞察力，同时还需要不断注入新的思想和理解，才能形成独特的创新意识。因此，创新意识具有新颖性，这种新颖性不仅体现在消除盲目的迷信和解放思想上，还体现在与时俱进上。

随着世界格局的变化和社会的进步，人们不断面临新的挑战和问题，这就需要不断地对已有的认知进行反思和否定。在这个过程中，创新意识起了至关重要的作用，它激发了人们对已有认知进行否定的信心和动力，促使人们不断探索新的领域和思路。在怀疑和批判中，创新意识的新颖性更加突出。它鼓励人们以新的视角和方法看待问题，挑战传统观念和思维模式，从而推动人类社会不断进步和发展。

(3) 质疑性

巴尔扎克（Balzac）作为一位杰出的作家，他的言论向我们揭示了质疑对于科学进步以及个人成长的重要性。他强调："打开所有科学的钥匙都必定是问号，生活中的伟大智慧大概也都在于凡事都问个为什么。"[①] 这句话深刻地强调了质疑在人们创新意识形成中的关键作用。要形成创新意识，首先需要有疑问。这种疑问来自对常规的质疑，它促使人们思考并寻找新的解决方案。只有当人们对现有的知识和观念产生疑问时，才会激发人们去探索、去发现新的可能性。

此外，质疑是创新实践活动的动力源泉。当对某个问题产生疑问时，就会激发人们去寻找答案的动力。这种动力推动人们去探索、去实践，从而推动创新的发展。同时也应该认识到这种质疑性并非意味着对旧有事物进行盲目的怀疑和否定，而是通过对现有知识的反思和挑战，从而推动思考的深入和知识的更新。总之，质疑性是创新意识十分重要的特征。只有敢于质疑，才能在创新实践中取得成功。

（二）大学生创新意识内涵和要素

1. 大学生创新意识的内涵

"创新的事业呼唤创新的人才"，创新人才是进行创新最关键的因素。要更加重视青年人才的培养，让更多的青少年心怀科学梦想、树立创新志向。大学生是新时代青年的重要组成部分，更是新时代创新后备人才的中坚力量，必须培养创新意识。新时代赋予了创新意识新的内涵，更对大学生创新意识的培养提出了新的要求。新时代大学生创新意识与前文所述的创新意识有所不同，其是前文所述创新意识的一个组成部分和具体化的表现。

因此，对于新时代大学生创新意识的理解，必须结合我国在新时代的特点与大学生的身心发展特点来分析其特殊性。一方面，进入新时代，我国比历史上任何时期更接近中国梦的实现，在科技革命中的角色由跟跑者、参与者向并跑者、变革者转变，大学生肩负着实现中国梦的责任使命；另一方面，大学生作为创新人才的后备力量，处于学习知识、培养能力的黄金阶段，但也更容易受到良莠混杂思想的影响。为此，要着重将新时代大学生创新意识的培养作为高校素质教育工作的重要任务来进行。新时代大学生创新意识应是大学生根据新时代国家、社会和个人发展的需要，在学习和生活中对所遇问题积极探索，对解决问题时表现出新的意向并推动主体思维获得创新能力的规范化的认识、意念、动机、愿望、心理取向或精神状态。

---

① 王荣.新疆高校大学生创新意识培养探析［D］.乌鲁木齐：新疆大学，2010.

2. 大学生创新意识的要素

大学生创新意识包括多方面内容,如创造动机、创造兴趣、创造情感、创造意志。其中,创造动机是个体开展创造活动时所产生的直接动力,激励和推动着个体进行创新和创造的活动;创造兴趣是个体积极探寻、追求新事物的心理倾向,是保证创造性活动得以顺利开展、获取成功的关键;创造情感是创造性活动中非常重要的心理因素,大学生只有具备合理、正确的创造情感,才能保证创造活动的有序开展;创造意志是在创造活动中突破困难、阻力的重要心理因素,具有较强的目的性以及自制性。

根据创新意识的构成要素,可以将大学生创新意识划分为创新品质与创造性思维两个维度。同时,创新品质又可以划分为四个小维度,分别是好奇心、求知欲、怀疑感和思维独立性。创造性思维也可以划分为三个小维度,分别是流畅性、变通性、独特性。

大学生创新意识的构成要素,如图 4-3 所示。

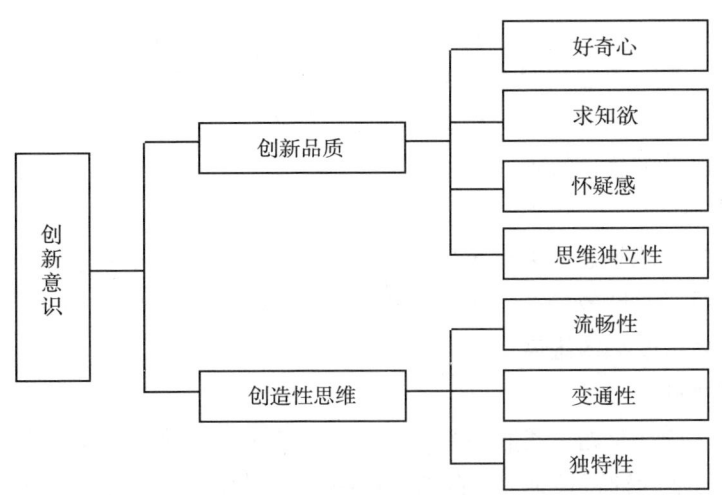

图 4-3 创新意识的构成要素

接下来,将对好奇心、求知欲、怀疑感、思维独立性、流畅性、变通性、独特性这七个维度进行概念的诠释。

（1）好奇心

好奇心是由主观产生的想法而想要进行寻找信息、搜寻信息的心理状态。好奇心是一种内在动力,它推动着人类对新知识的探求以及对新信息的获取。

（2）求知欲

求知欲从某种角度来说是一种认知需求，并且是人的内在精神世界的需求。求知欲是指对于新知识的一种探索的愿望，是一种和意志有关的活动。由于求知欲是由内在需求而引发的，所以求知欲也是引起学生渴望学习的原因之一。

（3）怀疑感

怀疑感强调对真理的追求，并对客体进行评价，是人在智力活动中所产生的一种情感体验。认识的局限性和思维对客体缺乏足够的认知，必然导致对认识的怀疑。怀疑感在学生身上的呈现，可以表现为有质疑权威的勇气与倾向。

（4）思维独立性

思维独立性的本质是一种品质，这种品质是指一个人可以独立思考，情绪稳定地依据客观现实去发现问题，并能够分析问题。思维的独立性，强调一个"独"字，强调独立思考，不人云亦云，对于权威不奉为真理，能够自己独立地思考，有自己的想法。

（5）流畅性

流畅性指的是当一个人在面对任务或者是问题时，在限定的期限内，想出来的不同维度、不同角度的观念的数目。创造性思维的流畅性象征着思维的通达与灵活。针对同一个问题，大学生能想到的可能性的答案越多，流畅性就越好，从某种角度呈现出了数量特点。

（6）变通性

思维的变通性主要指人克服思维中固有的框架，用新的方向与角度思考问题。创造性思维的变通性象征着一个人的思考可以举一反三，触类旁通，思考问题可以多层次、多角度、多维度。

（7）独特性

思维的独特性是指人类在发散性活动中，表现出与他人与众不同的反应与思考。创造性思维的独特性强调"独特"这两个字，特指人在面对任务或者问题时，想到的、思考出的解决方案与他人不同，具有新奇的特点。在解决一个任务或者问题时，想法越是奇特，则他的创造性思维的独特性就越突出。创造性思维的独特性是比创造性思维的流畅性和创造性思维的变通性更高层面的能力。

二、培养大学生创新意识的意义

随着社会的不断发展，需要更多优秀的创新型人才来推动时代的进步。新时代大学生作为国家的未来和希望，将为国家创新发展提供更充足的动力。因此，将我国新时代大学生培养成为优秀的创新人才，对于大学生自身以及国家的整体发展都具有至关重要的现实意义。

（一）新时代大学生成为优秀创新型人才的需要

在追求现代化的全球竞争中，各国都在努力培养创新型人才以推动国家的发展。对于我国来说，要实现社会主义现代化强国的伟大目标，创新型人才的培养显得尤为重要。

如今，现代化已经成为全球趋势，各国在追求现代化的过程中，都像是在参加一场激烈的马拉松比赛。我国要想在这场比赛中脱颖而出，就必须以最快的速度推动国家现代化进程，而要实现现代化，创新型人才的培养是不可或缺的一环。

在追求创新型人才培养的道路上，大学生群体扮演着举足轻重的角色，即应着重增强当代大学生的创新意识。这是因为新时代大学生是我国文化层次较高的群体，他们不仅具备扎实的专业理论知识，还充满年轻活力和朝气，相比其他群体具有更多的创新优势。作为国家发展的中坚力量和未来希望，当代大学生的创新意识高低直接决定着我国整体创新水平的高低。因此，重视培养大学生的创新意识不仅是国家培养优秀创新型人才的需求，也是为党和人民的事业持续输送新鲜血液的必然要求。

（二）培养大学生应对知识经济挑战能力的需要

知识经济，简而言之，就是以知识为基础的经济。随着知识经济时代的到来，人民群众的生活与生产方式正在发生改变。在这个时代，知识成为经济发展的核心资源，以知识为基础的产业逐渐成为主导产业，形成了以依赖知识的生产、分配以及使用为根基的经济发展模式。这种经济发展模式强调知识的价值，注重创新和知识产权的保护，鼓励人民群众不断学习和更新知识，以适应不断变化的市场需求。总之，知识经济代表了目前以及未来经济发展的方向，同时也带来了诸多发展机遇与挑战。

创新是知识经济不可或缺的重要元素，它为知识经济的发展提供了源源不断的动力。在知识经济的驱动下，优秀创新型人才资源无疑将成为未来最宝贵的人力资源，对于增强民族凝聚力和应对知识经济挑战具有关键性的作用。在新时代背景下，培养新时代大学生的创新意识和创新能力变得尤为重要。这不仅是因为创新是应对知识经济挑战的必要手段，更是因为大学生作为我国社会主义事业的未来接班人，必须具备应对知识经济挑战的能力。在实践中积极锻炼大学生的创新能力，提升其创新意识，符合党和人民事业长远发展的需求，可以为我国的可持续发展提供源源不断的动力。

（三）提高大学生自身素质和实现自我价值的需要

大学生的综合素质涵盖了诸多方面，而在新时代，创新意识及创新能力在衡量大学生综合素质中逐渐占据了更为重要的地位。创新意识是大学生综合素质的内在体现，它依赖于扎实的基础知识、深厚的文化底蕴以及崇高的精神境界，是智力因素与非智力因素优化融合的产物。具备创新意识和创新能力的大学生能更有效地应对当今竞争激烈的社会环境，为自己赢得一席之地。对于大学生自身而言，创新意识的培养至关重要。缺乏创新意识的大学生可能只满足于学习书本上的死知识，而无法将所学知识灵活运用到实际生活中。这不仅会影响到大学生个人的职业发展，也会影响到整个社会的创新能力和竞争力。

当代大学生一旦具备了强烈的创新意识和创新能力，将有助于推动和促进各项素质的提升，从而促使他们的整体素质进一步增强。此外，每个人都有实现自身价值的期望，尤其是大学生，当他们的想法和学识得到施展的机会，或者自身能力得到充分发挥时，他们会产生一种成就感和幸福感。拥有创新意识和创新能力的大学生，在毕业后可以利用各种有利条件，选择自己喜欢的工作。大学生正处于人生中精力最旺盛的阶段，他们渴望实现自我价值，追求创造属于自己的精彩人生。他们可以通过不断完善自己的知识结构和提升自己的能力，更好地发展自我，为社会做出贡献，并实现自身的价值。

第五章 大学生创新能力的培养

创新是推动人类社会发展、国家兴旺发达的基本动力。大学生作为社会发展的重要力量之一,其创新能力的开发与培养已成为当务之急。培养和提高大学生的创新能力,是响应时代召唤,满足人的自身发展与社会发展需求的重要体现。创新思维、创新意识和创新技法在大学生创新能力培养过程中至关重要,本章则围绕大学生创新思维的培养、大学生创新技法的培养、大学生创新意识的培养展开研究。

第一节 大学生创新思维的培养

一、发散思维的培养

唯物辩证法强调,事物之间存在着普遍的联系,世界是一个普遍联系的有机整体。这种联系是客观存在的,不会因人的意志而改变。这为我们在教育过程中培养学生的发散思维提供了坚实的哲学基础。在高等教育中,我们可以通过寻找和揭示事物之间的相互联系,引导大学生从不同的角度思考问题,寻找不同的解决方案,从而培养他们的发散思维能力。因此,有意识地训练和培养大学生的发散思维,不仅可以提高大学生的发散思维能力,同时也是提高高校教学质量的关键一环。

每个人都有一种探索和研究的内在心理欲望。在高校教学中,教师应该积极引导大学生将这种潜在需求转化为科学思维的积极探索。正如爱因斯坦所说,兴趣和爱好是最大的动力。只有充分调动大学生的好奇心和兴趣,教师才能抓住机会,拓展大学生发散思维的空间,培养大学生发散思维的能力。美国心理学家乔伊·保罗·吉尔福特(Joy Paul Guilford)提出的关于发散思维的"三个维度"理论,从思维的流畅性、变通性和独创性角度论述了发散思维的重要性。这为培养学生的发散思维提供了指导。

因此，在高校教学中，教师应该有意识地培养大学生的思维品质，包括发散的量、发散的灵活性和发散的新颖性。只有这样，才能开阔大学生的视野，拓展大学生的思路，增强大学生的发散思维意识，培养其发散思维能力，并提高其创新能力。同时，在高校教学中，大学生往往对一些理论知识感到乏味，容易产生厌倦情绪，这就要求教师有意识地激发大学生学习的兴趣和对知识的渴求，以促发他们的创新意识。

（一）培养思维的流畅性

思维的流畅性是指在思维中产生大量的创意和解决问题的方法。知识是人类进步的重要动力，也是我们个人成长和发展的关键。这一切的基础，都离不开知识的积累。如果知识积累得足够多，就能拥有更丰富的经验，增强分析问题和解决问题的能力，同时也能增加产生新思想、新观点和新成果的机会。在高校教学中，教师应该有意识地引导大学生通过不同的思考路径来探索不同的解决方法，从而培养大学生思维的流畅性。思维的流畅性和思维的逻辑性密切相关，因此要帮助大学生清楚理解知识之间的逻辑关系。在高校教学中，教师不仅要注重知识层次的深化，还要及时将新知识融入已有的知识体系中，尤其是要注意学科体系中知识之间的关联，逐步建立和扩展知识结构系统。同时，教师还要充分提炼和总结具有规律性的认知方法，使大学生能够熟练地运用分析、综合、抽象、概括、推理等逻辑思维方法来认识和解决问题，及时对问题进行归纳和总结，培养大学生善于应用理论模式的能力，鼓励大学生构建一个完善的"理论认知结构"体系。

（二）培养思维的变通性

思维的变通性表现为思维的范围和维度的特征，即在对事物进行考察时，能够从不同的角度和层次变换思路。思维的变通性也称为应变能力，它体现了比流畅性更高质量的发散思维特点。思维的流畅性越高，思维的变通性就越好，它是在思维的深刻性和思维的多向性基础上进行的灵活运用。

因此，教师可以在平时的课堂教学中经常采用变通式教学来训练大学生的变通性，引导大学生从平常的生活中去发现不平常的事物，进行多角度、多层次、多领域的探索。同时，教师要引导大学生积极思考，向深度钻研，向广度联想，由此及彼，由表及里，举一反三，触类旁通。教师在课堂上可以提出某个热点问题，让大学生提出不同的观点和意见，并尽可能从多个角度寻求不同的解决方法。

这样不仅有利于拓展大学生的思维方式，还可以培养他们分析问题和解决问题的能力，从而提高大学生思维的灵活性。

（三）培养思维的独特性

在高校教学中，教师需要以引导大学生为先，培养大学生积极学习和思考的态度。要鼓励大学生勇于挑战和质疑权威，不拘泥于固定的模式和思维方式，积极引导大学生思考，并鼓励他们提出不同甚至相反的观点，从而有效提高大学生的思维能力。同时，教师还要积极协调知识体系内部的联系，根据问题的不同，引导大学生从不同层次和方向进行思考，以开拓大学生的思维路径。而联想是开拓大学生思维路径的有效方法。

此外，教师要鼓励大学生大胆猜想，对社会实际生活中相关的事物进行有创造性的探讨和交流，从不同的角度指导大学生合理推测，对同一问题进行不同的理解和分析，提出有见地的观点。教师还要引导大学生对已有的理论体系进行比较、综合、分析和总结，帮助他们建立系统的理论结构，并引导他们将实际问题与理论知识相结合，使思维可以沿着不同的方向展开。最后，教师要启发大学生自由发挥才能，根据问题和要求寻找不同的解决方法，设计多种可行的方案和策略。

在知识经济发展的背景下，真正的知识拥有者应该是能够发现问题并创新知识的人，而非仅会接受知识和模仿技能的人。因此，在培养大学生创新思维的过程中，发散思维的培养是至关重要的。这就需要我们不断转换思维方式，寻求新的方法，并从整体上加强对大学生发散思维的培养。

二、逻辑思维的培养

逻辑思维的过程形式与创新、创造过程密切相关，一切创造活动都是以逻辑思维为基础的，运用逻辑思维使创造成果条理化、系统化、理论化。高等教育强调培养创新人才，创新人才首先要具有创新思维。提高大学生的逻辑思维能力，这是培养大学生创新思维的关键环节。

（一）强调对概念的理解与掌握

大学生逻辑思维能力培养的基础是基本概念、理论和方法。逻辑思维能力与概念及其系统紧密相关，没有经验和知识的支持，逻辑思维能力无法存在和发展。知识不是零散的原理和理论混合，而是按照内在联系在人们的头脑中形成有规律的组合。大学生主要通过学习书本知识来间接掌握前人的研究成果，这些成果以系统的知识体系呈现为学科的基本概念和理论，每个学科都有自己独特的基本方法。在强调基本概念和理论教学的同时，还必须传授大学生掌握科学理论的方法，使他们能够有效地选择、吸收和应用知识。

（二）提高大学生的分析和概括能力

逻辑思维一般从概念出发，通过判断和推理来实现对客观事物本质的认识。它由一系列方法构成，包括分析、概括等。这些方法指导了科研活动。因此，在高校教学中，大学生应灵活掌握这些方法。首先，大学生应掌握分析方法。分析方法就是将认识对象分解为各个部分，详细考察它们在整体中的地位和性质，深入分析它们的特殊本质和内部矛盾。大学生的辨别能力对分析问题和解决问题至关重要。无论是教材阅读理解还是事件评述都需要分析方法。因此，培养大学生的逻辑思维能力和学习能力最重要的是培养他们对分析方法的运用能力。同时，大学生还应掌握概括方法。概括方法就是从具有相同属性的事物中抽取同类事物的本质属性，并形成普遍概念。概括方法主要从事物的联系中把握内在的本质联系。所有学习活动都离不开概括。概括性越高，知识系统性越强，迁移能力越灵活，个人思维和智能就越发达。

因此，提高大学生的概括能力是培养大学生逻辑思维能力的关键。然而，培养逻辑思维能力不是只需要一两种思维方法，而是必须综合运用多种方法。虽然我们认为分析和概括方法较为重要，但其他思维方法同样重要。

（三）培养大学生的批判思维能力

批判思维能力是指以事实为依据，运用理性对事物进行评估和客观评价的能力，它不受情感和无根据的传闻影响。批判思维是分析和综合思维的结合，主要表现在独立思考和怀疑精神上。要实现创新思维，就必须具备独立思考的能力。如果只是接受他人的思考成果，那么只能叫做模仿或学习，无法提高思维水平，更不可能实现创新。只有善于独立思考的人，才能发现问题、分析问题并独立解决问题。具有批判怀疑眼光的人，能够辩证地分析问题，既遵循已有科学理论，又能打破传统习惯思维的束缚。特别是那些根深蒂固的传统习惯定式，最容易影响人们的思维方式，因此必须有大胆的创新勇气，敢于打破思维定式，挑战"权威经典"，提出建设性的新想法，建立创新理念。

（四）培养大学生的逻辑思维能力

实践活动能够更好地提升大学生的分析、判断、推理等逻辑思维能力。同时，实践还提供了应用所学知识和方法的机会和场所。在实习和实践中，大学生常常遇到突发事件，处理这些突发事件锻炼了他们的应变能力。为了解决问题，大学生会思考最佳方法，从而锻炼了他们的逻辑思维能力。通过实践特别是科研实践，大学生能够深刻体会到逻辑思维的乐趣和价值。另外，实践活动也是联系逻辑思维和创新思维的纽带。只有通过实践活动，逻辑思维对创新思维的发展才能产生实际影响。

因此，高校教学中应进一步加强对大学生逻辑思维能力的培养。教师应及时更新知识和观念，采用多种教学方式激发学生学习的兴趣，提高他们的逻辑思维能力，培养具备创新素质的人才，满足社会的需求。

三、形象思维的培养

形象思维是存在于人们思维中的一种普通思维方式，是人类认识和学习一切知识的源头。形象思维对于提高大学生创新思维水平，激发其学习的积极性有着重要的作用，特别是在大学生理论学习及实践等过程中起着特殊的作用。因此，必须培养大学生的形象思维能力。

（一）深化大学生对形象思维的认识

形象思维是人类思维的重要组成部分，一切科学认识都离不开形象思维。形象思维是思维主体运用形象逻辑和表象等手段去建构一种新形象的思维形式。它通过对记忆中大量的个体形象进行比较、分析、概括、综合，发现事物的规律和联系，揭示客观事物的本质属性。形象思维的特征表现在形象性、概括性、主观性等方面。形象思维包括形象分析与综合、形象抽象与具体、形象比较和推测等基本环节。形象思维过程遵循着具象律和情意制动律，具象律是指形象思维的过程自始至终都具有形象性，始终不能离开"形象"这一感性材料；情意制动律是指形象思维以主体的情感和意念作为思维运动的推动力，并通过情意将思维过程中存在的形象连接起来，通过经验直观和抽象思辨，从整体上把握人体综合功能状态的特征和变化。形象思维在创新思维中起着重要的作用。

（二）丰富大学生的表象储备

表象是形象思维的"细胞"，是指在头脑中保存的关于事物的形象。形成正确的表象是进行形象思维教学的基础，表象积累越多，思维越敏捷，视觉与思维连接效果就越好，越有助于描绘出解决问题的示意图，排除不必要的干扰因素，抓住事物的本质特点，勾勒出事物原有的表象，从而才能创造出新的形象。要形成正确的物质形象,很重要的一个方面就是要丰富学生的表象储备。正如,在山里生活的人是无法想象波涛汹涌的大海;在平原生活的人,难以理解"苍山如海,残阳如血"的诗句。只有积累丰富的表象,才能为形象思维、想象力提供广阔的天地。

(三)加强对大学生联想力和想象力的培养

在高校教学过程中,教师要努力营造充满情感的教学氛围,培养大学生的联想力和想象力,使其产生形象思维。形象思维的两种基本形式是联想和想象,联想的丰富程度离不开人们对客观事物及其相互联系的认识程度。想象是形象思维的高级形式,是形象思维良好的开端,它是人脑在已有的表象基础上进行加工改造,产生新的形象的思维过程。要培养大学生的形象思维,就应该给大学生提供丰富的形象素材,以丰富其表象的存储,关键是应该注重训练大学生的形象思维,如当我们用某些文字或语言描述一个政治情境时,应引导学生对这一政治情境进行想象,再根据这一场景,展开其他相关表象的联想或相关的模型,然后描绘这个情境,最后再对这个情境进行分析。由于仅靠简单的表象积累是不能提高形象思维能力的,还必须能够对表象、表象之间的关系有准确描述以及对形象思维的过程和形式有足够的洞悉。

因此,对于描绘正确的学生,应给予鼓励;对于出错的学生,要帮助他们找出错误,并对其错误的原因给予分析。这样做有利于培养学生多联想、多想象的习惯。同时,切忌让他们认为培养形象思维仅仅是对表象的机械记忆。同时,在运用素材培养大学生形象思维的过程中,应该注意大学生想象或联想的跨度,必须加强引导使其逐步地进行,这样才能有效地训练和强化大学生的思维过程。

(四)加强对大学生形象思维的训练

要加强形象思维教育,学校就必须营造浓厚的文化氛围,改善大学生的知识结构,充实其文化知识。同时,也要注重对大学生形象思维能力中非智力性因素的培养,激发他们的形象思维,触发联想,产生情感和体验。大学生如果没有丰富的生活经历,大脑中储存的客观事物的形象就贫乏,学习和实践中就无法想象出合适的形象去构思。

因此,要鼓励大学生多实践、多体会、多观察客观事物活动的形象,尽可能多地积累"形象材料",注重从实践中发展形象思维和想象力。一切科学认识都离不开形象思维,没有形象思维,科学的创造、发现与发明,几乎都不可能。科学认识只有与形象思维融为一体，才会既深刻又生动，易于理解，易于掌握，因此，加强大学生形象思维训练对于培养大学生的创新思维有着重要的意义。

四、直觉思维的培养

直觉思维是指在实践中，外界事物在人们大脑中产生的感觉，是开发人们创新思维的基础，它在创新思维活动的关键阶段起着极为重要的作用。大学生直觉思维培养主要体现在以下几个方面。

（一）加强直觉思维培养的理论基础知识

虽然直觉思维是人们对外界事物的一种迅速的洞察和判断，是人脑对客观事物的反复整合，并形成和浓缩为一个整体，只有使用到相应材料时，才会一蹴而就，迅速完成。思维的火花，需要厚实的理论基石去激活。尽管这种灵感的产生似乎充满了偶然性，但其背后却有着坚实的理论基础作为支撑。它并非毫无根据的臆测或猜测，而是在丰富的实践经验的基础上，经过深思熟虑和反复推敲后形成的。若缺乏深厚的理论基础和丰富的实践经验，思维的火花便难以迸发，如同没有稳固地基的高楼，难以在风雨中屹立不倒。

因此，在高校教学过程中，教师要特别重视学生基础理论知识的学习，帮助学生建立坚实的认知结构，教会学生如何运用已有的理论知识，对问题做出迅速而准确的判断。

（二）鼓励大学生大胆猜想，提高其直觉想象能力

在心理学上，猜想，是直觉思维的一部分，是根据某些已知的知识和事实，对未知量及其关系做出的似真推理。英国著名物理学家艾萨克·牛顿（Isaac Newton）有过一句这样的名言：没有大胆的猜想，就做不出伟大的发现。事实上，在科学发展过程中，无论是概念的解析、理论的建立甚至结果的猜想，直觉思维都起着十分重要的作用，而且很多著名的科学结论都是从猜想开始的。

美国教育心理学家和教育家杰罗姆·西摩·布鲁纳（Jerome Seymour Bruner）说："应该给学生一定的训练，使之认清猜想的合理性。"[①] 猜测是一种合情推理，属于综合程度较高的直觉认识过程。因此，在高校教学中，教师应引导大学生在学习过程中大胆猜想，大胆实践，激发他们去探索，使思维不断深化。不仅如此，教师还应正确对待大学生的猜想，并适当地给予相应的肯定，对其合理成分应给予鼓励和引导，提高大学生直觉思维的自觉性。同时，教师还应积极引导，

---

① 朱铁成. 物理教学思维学[M]. 长春：吉林教育出版社，1996.

解除大学生心中的困惑，使大学生从内心对自己的直觉有种成功后的满足感。这样，大学生会热衷于思考，勤于思考，更加积极地去进行猜想，在思考和猜想过程中产生直觉。这样必将引导大学生养成良好的直觉思维习惯，从而有利于大学生直觉思维的培养。

（三）重视结构教学，形成合理的认知结构

在教学上注重知识结构之间的联结性，能有效地促进直接思维的发展。而传统的理论知识的传授采用的是一套单一的固定模式：上课，单纯接受抽象的知识；复习，机械记忆各种概念、原理；考试，重复再现知识。传统的理论知识的传授注重的只是学生对知识的储存和积累，忽视了对知识结构的加工和处理，并且没有对学科知识进行有效的整合，学生无法从整体结构上对知识进行把握。这些造成了学生无法将现实问题与已有的知识结构进行类比、推理，无法形成直觉。

由此可见，在高校教学中，教师必须注重大学生知识结构体系的建立，并在实践中不断丰富原有的知识结构，同时将新的知识经验纳入其中。长期以来，在传统教学方式的束缚下，大学生处于被动接受知识的客体地位，思维缺乏丰富的想象力。而想象是直觉思维的源泉，是学生形成形象化的知识结构的有利条件，如在教学过程中，适当采取相应的图解法，能有效地培养学生良好的直觉思维。

（四）正确运用启发性教学

启发性教学既是一项教学原则，也是解决问题的一种具体方法。作为教学方法，它与"填鸭式"教学相对应。它能使学生有效地运用直觉思维，特别是教师简短的启发和提示会促使学生思维出现大步跳跃。在高校教学过程中，教师不宜采取全部灌输的做法，而应该使教学留有"嚼头"，让大学生有思考的余地。如果把所有的知识讲得太详细，则不利于培养大学生思考问题、解决问题的能力。"授人以鱼，不如授人以渔"讲的就是这样的道理。一个成功的教育者，应该善于向学生提出问题，并且有意识地培养学生思考问题和解决问题的能力。培养直觉思维是培养大学生创新能力的重要步骤，是一个长期而复杂的渐进过程。因而要求教师在教学过程中采取不同的方法和手段，从不同的角度和层次、坚持不懈地培养大学生的直觉思维，最大限度地发挥直觉思维的价值，从而为大学生创新思维能力的培养奠定基础。

总之，大学生创新思维的培养是一项十分艰巨的教育任务，也不是一朝一夕就可以完成的。一方面，要不断提高大学生的创新思维和创新能力；另一方面，

也需要教育工作者和当代大学生真正认识到创新思维培养的重要性。

五、辩证思维的培养

辩证思维是高级阶段的思维形式，它形成于人们思维中比较稳定和固定的思维模式，并在思维发展中起着重要的作用。本质上，辩证思维是一种思维框架，在人们的认识和实践活动中具有关键的作用，并具有方法论的意义。作为一种高级实践活动，创新同样需要辩证思维的指导。辩证思维不仅能够加深创新主体对创新的认识，还有利于创新活动的有效开展。因此，要培养学生的创新能力，就必须注重培养他们的创新思维。为了培养和发展学生的辩证思维能力，应该从以下几方面入手。

（一）培养大学生用对立统一的观点分析问题

唯物辩证法认为，事物都是对立统一的，且都在不断运动、变化之中。矛盾是推动事物发展的根本动力，而同一性和斗争性则是矛盾的基本属性。同一性指矛盾双方相互依存、相互贯通的联系和趋势。斗争性则指矛盾对立面之间相互离异、相互排斥、相互否定的性质和趋势。两者构成了对立统一的辩证关系，既相互联系，又相互区别。正是由于这种辩证关系，事物得以不断发展。这种辩证关系也为培养创新思维提供了理论基础。

矛盾的同一性要求我们在思维中追求共同点、容忍差异，从而推进事物的发展；而矛盾的斗争性则是事物发展的推动力量，新事物取代旧事物正是通过矛盾的斗争性来实现的。事物内部的矛盾只有在统一中不断斗争，才能有所发展，才能推动创新。要培养大学生的辩证思维，我们就需要在思维活动中坚持对立统一的观点和立场，运用矛盾分析的方法，揭示事物的内在本质和发展规律。同时，我们在观察事物时必须把握和研究事物的整体，在事物内部矛盾的变化和发展中去理解问题。只有这样，我们才能认识客观世界的本质，从而把握事物的规律。

因此，在高校教学中要培养大学生的辩证思维，就必须教会他们运用对立统一的观点来观察问题、分析问题和解决问题。

（二）培养大学生用联系的观点分析问题

唯物辩证法认为，客观世界的一切事物都存在相互影响和相互联系的关系，而这种联系是普遍存在的。事物的发展动力源于其内在的联系。任何事物都是由彼此联系的各个要素和部分组成的，事物之间也相互作用、相互影响，存在着千丝万缕的联系。整个世界由相互联系的整体构成，不存在孤立无关的独立事物。

联系具有普遍性和多样性的特点。多样性体现在事物之间的直接联系和间接联系、整体联系和部分联系、内部联系和外部联系、必然联系和偶然联系等方面。普遍性要求我们在创新思维过程中，要全面把握事物的整体性，避免片面孤立地看待事物；多样性则提示我们在创新思维中要全方位、多角度地思考问题。要培养大学生的辩证思维，就必须使他们在思维中坚持用联系的观点来认识和把握事物。

因此，在高校教学中，培养学生的辩证思维离不开对事物内部和事物之间相互联系的把握，要充分了解事物内部和事物之间的有机联系。只有这样，我们才能够掌握事物内部和事物之间的联系，认清事物的本质。当前，我国经济坚持走可持续发展的道路。要培养大学生的辩证思维，就必须坚持用联系的观点来分析各种社会问题，使他们能够正确把握客观事物之间的有机联系。

（三）培养大学生用发展的观点分析问题

唯物辩证法认为，万物不断运动变化、不断发展，发展是辩证法的永恒主题。发展的本质是新事物的诞生和旧事物的消亡，是不断向前和提升的动态过程。新事物不可战胜是因为它符合事物发展的趋势，具备新的结构和功能，具有强大的生命力和广阔的发展前景。新事物在旧事物的基础上不断产生和进化，它既是导致旧事物消亡的原因，也是旧事物本身无法克服的因素。新事物优于旧事物，因为新事物否定了旧事物中陈旧和过时的元素，吸收和发展了旧事物中积极和合理的因素，并添加了旧事物无法容纳的新内容。

因此，无论在内容上还是形式上，新事物都具有无与伦比的优势和强大的生命力。新事物战胜旧事物是辩证的否定发展过程，是从数量变化到质的变化的前进过程。事物的发展就是不断从数量上向质量上发展，是由低级向高级不断推进的过程。培养大学生辩证思维必须使他们在思考问题时坚持用发展的观点来认识和把握事物。

因此，在高校教学中，培养大学生的辩证思维离不开对事物发展的整个过程的把握，要充分了解事物发展的总趋势，掌握事物的未来走向，能够对事物的变化做出合理的判断。只有这样，才能认识到事物发展的规律性，发挥自己的主观能动性，推动事物的发展。

当前，我国正处于社会转型的关键时期，各种思潮、观念不断涌现，社会竞争日益激烈。要培养大学生辩证思维，就必须坚持用发展的观点来分析各种社会问题，使他们对客观事物和社会发展的总趋势坚信不疑。

（四）注重实践能力的培养，把辩证思维贯穿于整个教学过程

培养大学生的实践能力是提高他们辩证思维的重要途径。实践活动可以丰富大学生的感性经验，让他们对从教材中学到的基本原理和基本概念有更深入的理解和应用。特别是通过参与科研活动，大学生能够进行直接的创新实践，从而增强了他们应用辩证思维的能力。唯物辩证法作为马克思主义哲学的重要组成部分，提供了科学的思维方法，对于思维的全面性、深刻性和洞察性提供了保证。辩证思维是解决问题的思路和方法，在创新思维活动中起着关键的作用，并在整个创新思维过程中都具有指导作用。

因此，在高校教学中，必须加强对大学生辩证思维的培养，引导他们学会用辩证的方法思考问题，优化知识结构，将辩证思维的培养融入教学的各个环节中。这样，大学生的思维内容和思维成果才能够更全面、更深刻、更有洞察力，也才能真正实现创造性突破。辩证思维作为高级阶段的哲学思维形式，是一种以辩证法规律为指导的思维方式，可以有效地引导人们思考、认识和改造世界。辩证思维贯穿于创新思维的培养过程中，具有重要的指导地位，可以为其他思维形式的培养提供宏观指导。

第二节　大学生创新技法的培养

一、推动创新技法专业建设

建构主义学习理论认为，教学不能忽视学生现有的知识和经验，应该将学生已有的知识和经验作为新的知识增长点，引导学生从已有的知识中"生长"新的知识体验和经验。教学不是知识的简单传递过程，而是知识的处理和转换过程。创新能力的培养也要以原有的专业知识技能为基础，辅以创新方法，进行创新能力的强化。

（一）创新技法课程与专业课程相结合

规划和调整现有的专业课程体系，将创新技法引入专业基础课的课堂教学，积极引导大学生学习创新思维课程，让大学生树立创新意识，认识创新理论和创新设计的重要性。教师可以通过案例式教学和项目式教学，提高大学生的积极性和主动性，培养大学生的创新意识和科学思维。在专业实践课、毕业设计、自主科研立项等环节，教师可以要求大学生综合运用创新技法进行创新设计工作，以

塑造大学生的创新思维，加强对其创新能力的培养。

（二）创新技法课程与辅修专业相融合

在创新能力的培养过程中，由于各高校的经费、场地差异以及学生的学习倾向差异，很难做到每个学校都开设创新技法示范专业。在已经具备一定创新技法教学基础的高校，为了促进各专业、各学科学生全面发展，可以开设创新技法辅修专业，对有兴趣的学生进行创新技法、创业能力的系统训练。

在理论教学中，通过传授基础的创新技法、创新思维的理论知识，训练学生创新思维习惯的养成，唤醒大学生对创新创业的渴望；通过 TRIZ 理论等高级创新技法的培训，提升大学生利用创新技法解决问题的能力；通过专利风险规避等相关知识的传授，使大学生树立利用专利保护科技成果、规避专利侵权的意识；通过创业理论的传授，增强大学生的创业意识，加强其对自主创业的了解。

二、集中优化教育教学资源

一门优秀的课程不仅需要以课程知名度为前提，更需要以教学质量为基础保障，这样才能真正扩大创新技法的影响力。教育教学的目的是要确保学生有所得、有所思、有所悟，因而教师要在有限的课堂时间内将教育资源合理分配。在课堂教学中，除理论知识的深入学习之外，还要注重实践能力的培养，教师应指导学生利用创新技法完成相关的专利发明，为学生的大胆创新提供智力资源库的支持，真正让学生实现敢想敢做的创新梦。

三、推动创新技法与创新实践基地融合发展

创新教育理论对于创新个体形成过程中的环境因素十分重视。因此，创新实践基地的建设与维护就显得尤为重要。

目前，国内开设创新实践基地的高校正在逐步增多，然而其中与创新技法相结合来培养创新能力的基地比重却不大。将创新技法与创新实践基地相融合，是为了给不同专业、不同年级的大学生构建一个多学科交叉的综合的训练基地。在基地当中，大学生可以完成理论学习、创新实践、模拟创业、成果孵化等一系列创新创业活动。

在已经开设创新技法课程和建立创新技法专业的前提下，在创新实践基地开设创新实践班，可以使创新技法的知识得到运用，从而提高大学生的创新能力与实践能力。同时，在创新创业基地大环境的影响下，大学生因为对创新创业的共同兴趣爱好相聚，容易形成大胆创新、勇于开拓、包容失败的氛围，有利于培养

大学生的创新创业精神。在基地背景下,对于创新技法的学习和应用将更加系统、完善,同时,基地为大学生提供科创竞赛、创新创业项目的信息,帮助大学生完成创新创业成果转化。在课余时间,基地可以聘请优秀企业家、创业成功的校友开展讲座,扩大学生的信息接收广度,全方位提升大学生创新创业的综合实力。对于优秀的创新创业成果,学校和企业提供实践孵化基地,使成果走出校门,真正服务于社会。

第三节 大学生创新意识的培养

大学生创新意识的培养是一项系统工程,需从多个角度、各个方位来进行培养。

一、发挥高校的关键作用

学校是传授知识、培养人才的地方。高校主张探求事物本质,追求真理,其最基本的功能就是为国家建设培养高级的专门人才。由此可见,高校是培养创新人才的主要阵地,大学生创新意识的培养必须发挥高校的关键作用。

(一)树立以学生为本的创新教育理念

当今社会,价值观念日趋多元化,个性发展成为全面发展的核心,也是健康发展的基础保证。我国高校应站在满足知识经济时代对创新型人才培养需求的高度,形成以学生为本的教育理念,培养具有超强创新意识以及创新实践能力的大学生。

首先,树立"以学生为本"的创新教育观念。所谓创新教育,就是将知识获得与能力培养进行有效结合,以培养大学生创新素质的教育,其主要目的就在于发挥当代大学生的主体作用,充分调动大学生的积极性,并激发他们的创新潜能,进而培养他们的创新实践能力。各大高校应将创新教育有效地融入我国人才培养的整个过程中,明确培养当代大学生的创新意识是素质教育的主要目的之一,牢固树立以人为本的新型创新教育观。具体可以通过各种形式的活动、课程、讲座,将创新教育彻底落到实处。

其次,树立以促进大学生个性发展为主的教育教学观。当代大学生是高校的教育对象,是课堂中的受教育主体。在高校教学的各个环节中,应使用合理、科学的教学方法,通过创新教育的学习、创新方法的掌握以及创新知识的积累,唤醒大学生的创新潜能,进而培养大学生强烈的创新意识。

最后,树立"以学生为本"的教育管理观念。我国高校在教育管理上应充分尊重大学生的主体地位,把大学生看作所有工作的主要出发点和落脚点,重视当代大学生的个性化发展,使用人性化的管理方式为我国创新型人才的培养提供民主和自由的学校环境。

(二)挖掘创新意识培养的课程资源

课程是人才培养的核心要素。尽管它面对的是教育微观的问题,但解决的是教育最根本的问题。加强课程建设、优化课程内容是有效落实教学计划和人才培养质量的重要保证。新时代培养和提升大学生创新意识,既要专门设置培养大学生创新意识的课程内容,又要在各学科专业课程中挖掘创新意识培育资源,还要发挥高校思想政治理论课对新时代大学生创新意识培养的引领作用,做到多课一体,形成全员全过程全方位的育人格局,共同促进大学生创新意识的培养。

第一,有效发挥创新课程的创新意识培养作用。目前,各高校一般都设有专门的创新创业类的课程,但其教育目标还不明确。此类课程并不是要把大学生培养为发明家、创业老板,而是要在教授创新知识的过程中促进大学生对创新的认识,激发其创新兴趣、培养其创新意识,从而有利于大学生成长为各行各业的创新人才。

第二,挖掘各学科中的创新意识资源。各门类的专业课程中不仅要做好其自身专业课内容的教授,还要在专业课中渗入创新意识教育的相关内容,将创新教育与本专业知识相融合,并鼓励大学生在掌握自己专业内容的基础上认真研究本专业相关知识与技能,实现专业上的创新与突破。

第三,要发挥高校思想政治课对新时代大学生创新意识培养的引领作用。思想政治课是为国家发展和建设培养可靠人才的重要保障。培养大学生的创新意识一直是思想政治教育课的一个重要理论课题,因此,要统筹推进思想政治课中创新及创新意识培养相关内容的设置,着重增加大学生创新意识及其培养在思想政治课中的教学比重。

第四,加大选修课的设置,促进大学生个性化与多样化发展。对高校大学生进行专业基础知识教学的同时设置选修课,无疑是我国进行课程改革的重要手段之一。我国高校应该尽可能多地开设选修课,这样可以使得新时代大学生在学习专业基础知识之余,根据自身的兴趣和爱好,选择心仪的课程,不仅拓宽了大学生的知识面,还丰富了大学生的知识储备和知识结构。我国高校应在对必修课程的设置上实施高质量原则,以保障大学生对专业基础知识的掌握和吸收,同时还要尽可能多而精地开设选修课,鼓励新时代大学生跨专业、跨学科地选择选修课程,既丰富了大学生的知识结构,又能够促进大学生的个性化与多样化发展,也为激发大学生的创新意识、培养大学生的创新思维开辟了新途径。

总之,对高校课程体系的改革,目的是使大学生建立更加全面的知识结构,激发大学生的学习热情,帮助大学生拓宽知识视野,提高其创新的自主性和兴趣。

(三)采用灵活多样的创新教育方法

创新教育方法代表着一种新的教育理念,旨在培养大学生的创新意识和创新能力。它不仅体现了创新意识教育教学过程中的基本规律和原则,还是实现大学生创新意识培养目标的重要手段。在创新意识教育过程中,创新教育方法作为教与学的中介,扮演着至关重要的角色。为了有效提高大学生创新意识教育教学质量,有必要采用灵活多样的创新教育方法。这不仅可以帮助大学生更好地掌握创新知识,激发大学生的创新热情和兴趣,还可以培养他们的创新意识和实践能力。最终,通过这些方法,大学生可以成长为创新型人才,为国家和社会的科技创新做出贡献。现阶段,高校教师在大学生创新意识的培养和提升过程中,应该摒弃原有的无效教育方法,同时结合时代特征和大学生的特点,采用灵活多样的创新教育方法。这些方法包括启发式教学法、案例分析法、小组讨论法、项目实践法等。

1. 采用研讨式教学方式

目前,在各高校中,大部分课程仍然采用传统的、以教师为中心的理论灌输性授课方式。在这种方式下,教师讲授知识,学生被动听讲。虽然这种方式对于学生获取课本知识有一定的益处,但它的主要问题是缺乏学生的积极参与和主动思考。为了改变这种状况,高校教师应该积极探索和采用更为灵活、互动的教学方式,如研讨式教学方式。研讨式教学方式是一种以学生为中心,强调学生自主学习和思考的教学方式。在这种教学方式下,教师会创设问题情境,引导学生主动查阅资料,通过研究、讨论和实践来寻找问题的解决方案。研讨式教学方式体现了主体性、启发性、循序渐进性原则,以学生为主体,注重发掘学生的创新潜力。它不仅能够帮助学生增长知识、开阔视野,还能在探讨问题的过程中推动学生综合能力进一步提升,同时促使学生创新意识得到有效激发。

2. 选择合适的教学手段

高校教师可以根据不同的创新教育内容，有针对性地选择合适的信息化教学手段。这些教学手段包括多媒体教学、在线课堂、翻转课堂、慕课等各种形式。每种教学手段都有其独特的优点，可以有效地传授相关的创新教育内容，从而更好地激发学生的学习兴趣，培养他们的创新意识和创新能力。

3. 选用支架式教学模式

支架式教学模式是一种具有实用价值的教学模式。它以培养学生的自主学习能力和问题解决能力为目标，是一种以学习者为中心、以建构主义学习理论和最近发展区理论等为理论基础的教学方法。支架式教学模式以其特有的优势，坚持以学生为中心，鼓励学生自主创新、大胆思考、积极探索，是有助于培养学生创新意识的重要教学模式之一。在教学过程中，支架式教学模式可以通过在学生的"最近发展区"附近搭建合适的学习支架，以此来帮助学生从原有的知识水平向下一个预期的知识水平跃进。教师可以在搭建支架的过程中来设计一些有助于提高学生发散思维水平的支架。

在具体实践中，选用支架式教学模式以供学生创新意识培养的参考性策略包括以下几方面。

（1）激发学习兴趣，培育创新意识

伟大的科学家爱因斯坦曾说过"兴趣是最好的老师"[①]，由此可以看出兴趣的重要性。就拿日常学习来说，当学生对所学科目产生了浓厚的兴趣时，就会主动地去探索、去实践，并且在探索求知的过程中体验获得成功后的喜悦，因此在教学过程中要重视兴趣在开发学生智力方面的作用。

要想把一个具有创新意识潜能的学生培养成为一个具有创新精神的学生，其智力的开发是一个重要的影响因素。在教学过程中，教师可以搭建实验支架或情境支架，演示一个与本节课内容相关的课堂小实验或者讲述一个贴近于课程内容的小故事，以此来激发学生的兴趣，慢慢地引导他们开启智慧的大门，培育学生的创新意识。

（2）营造学习氛围，激发创新意识

一个良好的学习氛围是学生爱上学习的前提基础，研究表明，一个和谐的课堂气氛能够促进师生之间的互动和增强师生之间的信任感。因此，要想培养学生的创新意识，教师就必须在上课的过程中带给学生不一样的上课体验，最好是能

---

① 陆季红.如何激发学生的学习兴趣[J].语数外学习（语文教育），2013（10）：67.

完成关系的转换，把"师生关系"转变成"朋友关系"，在课堂中营造一种充满着和谐、平等的学习氛围。

支架式教学模式在营造这种平等关系的教学氛围方面具有一定的优势，在这种氛围下学生容易产生主动参与的欲望，这样有利于学生毫无保留地表达自己的想法与创意。长此以往，学生在遇到问题时就会主动去思考问题、解决问题，在不断解决问题的过程中收获成功带来的喜悦感，从而达到潜移默化地培养学生创新意识的目的。

（3）创设问题情境，渗透创新意识

在实际的学习过程中，如果学习和思考不能两者兼顾的话，那么这样的学生是教师最不愿意遇到的，这类学生只会把课本上的知识内容照搬硬套，而做不到真正的运用。学生如果不懂思考，在实践的过程中就表现得相当笨拙，只是纸上谈兵而已，由此可见思考的重要性。如果缺乏思考，学生只能学到一些死板的知识，很难运用到生活当中去，就更别谈创新和发展了。思考是发散思维的源泉，发散思维是开启创新大门的钥匙。

因此，教师在教学设计中应该多设计一些问题情境来让学生思考，支架式教学设计类型中的问题支架就是以问题情境的方式进行教学设计的，教师在进行教学设计时可以采用支架式教学模式，然后在设计的问题情境中添加一些创新元素，引导学生进行发散思维，从而培养学生的创新意识。

（4）构建开放活动，培养创新意识

当学生处于开放的活动中时有利于其大脑的运转，这个时候是培养学生创新意识的最佳时刻。在学习过程中，不管是课堂还是课后都能设计开放性的活动，课堂中教师可以加入一些课堂开放性实验，然后放手让学生自己去操作实验，给学生一定的空间，让学生自主探索、动手操作、自由发挥，让他们在探索的过程中改进实验，培养他们的创新意识；在课后教师可以布置一些跟所学科目相关的小实验，利用生活中常见的物品自行设计实验方案和动手实践，在不断摸索的过程中培养学生的创新意识。

（5）发挥鼓励功能，增强创新意识

所谓创新意识就是学生具有创新的潜能、有改进的想法，在学习过程中，创新也可以理解为学生通过将旧知识进行全新的组合变为新知识，然后加以运用的过程。在日常学习中，学生有新想法、新建议、新思想就是一种具有创新意识的表现。

因此，在课堂教学中，在进行教学效果评价时教师应该尽可能多地去鼓励学生大胆猜想以及勇敢地提出自己的观点，然后在效果评价时巧妙地运用表扬和肯定的言语与动作来肯定学生的行为。运用支架式教学模式中的效果评价可以进行学生与学生、教师与学生之间的评价。在学生的认知观里，有时候来自老师或者同伴一个肯定的眼神或者表情都能让学生充满自信，因此教师在上课过程中应该尽可能多地给学生一个表现自己才能的机会，让学生体验成功所带来的快乐，在互相激励和肯定的过程中更好地完成学习任务、增强创新意识。

（四）创设创新意识培养实践平台

对于大学生创新意识的培养是绝对离不开实践的，大学生只有切实地投身于实践探索之中，才有可能真正形成创新品质，拥有强大的创新能力。大学生要想将知识转化为能力，就必须躬身实践，坚持知行合一，时刻注重在实践中去学真知、悟真谛，增长本领。毋庸置疑，成功的创新离不开理论与实际的有效结合，理论与实际是既对立又统一的，每当理论与实际出现不一致的时候，就会有新的发现。很多科学家和创新者就是在发现了自己掌握的理论不足以充分解释清楚新的现象时感到心存疑惑，进而促使他们在实践中不断地进行研究和探索，最终实现创新。开拓和完善创新教学实践平台有利于激发新时代大学生的学习主动性，提高当代大学生分析、解决问题的能力，促进当代大学生创新意识的形成以及创新能力的增强。我国高校必须抓紧开展创新实践教学，注重实践教学和自主探索的有效结合，加大创新实践教学所占的比重，创建行之有效的创新型实践平台，进而做好创新实践教学的基础保障工作。

第一，设立大学生创新俱乐部。大学生创新俱乐部要定期开展创客分享会、创新知识竞赛、创新学术沙龙等活动；同时，设置校级创新实践课题，鼓励大学生进行创新实践研究。

第二，开展创新实践系列大赛。创新实践系列大赛是助力大学生成长成才，落实高校创新教育的有力抓手。各高校可以围绕国家急需领域创新型人才培养设置人工智能、机器人、能源装备、数学建模等领域的创新大赛，使大学生积极参与系列创新大赛，以激发其创新兴趣与创新热情。

第三，高校应根据自身的办学特色，实施课内外有效结合的多元化动态实践教学模式，如为当代大学生提供多种形式的创新实践基地，创办产、学、研一体化的创新训练平台，并积极引导大学生申报创新型的科研项目，同时对积极投身于创新实验项目的大学生提供精神的支持和物质的鼓励。

第四，高校应多与校外的资源展开合作，给新时代大学生提供形成和发展创业意识的实习基地。一方面，可以让大学生参加校外实习汲取创新实践经验，通过实践检验在学校里所学的理论知识，进而将理论知识有效地转化为实际的操作能力，进一步增强大学生自身的创新意识和创新能力；另一方面，可以为与学校合作的企业培养并输送人才，实现学校与企业的互利共赢。

二、家庭和社会的积极引导

（一）转变中规中矩的传统家庭教育理念

家庭教育是培养优秀创新型人才的重要基础，并且在大学生创新意识的形成和发展中扮演着至关重要的角色。正确的家庭教育目标，合理的家庭教育方式方法以及和谐民主的家庭气氛都有助于当代大学生培养和发展创新意识。

第一，要确立培养创新意识的家庭教育目标。马克思主义唯物辩证法强调意识是人脑的属性与机能，这意味着人们会对客观事物产生主观印象。创新意识作为积极向上的意识，不仅是人们进行创新的前提条件，更是推动人们进行创新的内驱力。因此，如果父母希望子女成为创新型人才，就必须将创新意识的发展作为家庭教育的重要目标。

随着社会的不断进步与发展，家庭教育日益受到人们的关注和重视。家庭作为子女的第一课堂，父母不仅肩负着养育孩子的责任，还应教会他们如何更好地适应社会，成为对国家有用的人才。此外，家长需要紧跟时代的步伐，不断更新家庭教育的观念和目标，需要突破传统观念的束缚，注重培养孩子的创新思维和创造力。在培养孩子的过程中，家长应该鼓励孩子积极参与各种实践活动，如科学实验、艺术创作、社会实践等。这些活动不仅可以培养孩子的实践能力，还有助于激发他们的创新意识。在知识经济时代，创新已经成为推动社会进步的重要力量。家长应该充分认识到创新在当今社会中的重要地位，并投入更多的精力和资源培养孩子的创新思维。只有当孩子具备了这些素质和能力，他们才能够在未来的学习和工作中更好地发挥自己的潜力，为社会的进步和发展做出贡献。

第二，要增强孩子的自信心，让他们敢于质疑现有的知识和观念，勇于尝试创新。自信是实现创新的基础，孩子只有充满自信，才能敢于接受挑战，克服困难，充分挖掘自身的潜力，发展自身的能力。为了增强孩子的自信心，家长应该大胆放手，让孩子去面对各种困难和挑战，经受锻炼，在真正的实践之中增长才干，增强自信心，培养自身独立性，塑造敢闯、敢拼的品质。俗话说得好，不经历风雨就难以成才。

在孩子的成长过程中，家长不仅要在孩子取得进步或获得成绩时给予其鼓励，当他们遇到挫折、面对挑战、犹豫不前或缺乏信心时，家长同样需要及时给予其支持和激励。这样做对于增强孩子的自信心具有极大的积极作用。因为当孩子得到父母的肯定和支持时，他们会感受到深深的幸福感和满足感，这将激发他们把这种鼓励转化为内在的动力。这种动力不仅增强了他们对成功的信心，还激发了他们渴望成功的信念。因此，孩子会不断地鞭策自己，勇敢地面对困难并挑战自我，从而更好地实现创新和突破。

父母要积极地鼓励和引导孩子勇敢地向权威提出疑问和挑战，并表达自己的想法和观点。即使结果不正确，也应肯定和保护孩子的质疑精神，以帮助他们养成爱提问、善于钻研的好习惯。支持孩子大胆地质疑，并通过实践检验自己的想法，鼓励他们在真理面前不迷信权威。这样，孩子可以在一个自由广阔的天地里进行思考和创新，进而有效地促进孩子创新意识的形成和发展。

第三，要尊重孩子的兴趣、爱好与想法。孩子对有兴趣的事情容易全身心投入，最易见成绩；反之，则难得成就。然而，生活中很多传统型的父母，无视孩子的兴趣与爱好，过于注重孩子文化课成绩，并会为加强孩子的文化课学习强行剥夺孩子的兴趣爱好，其结果必然会束缚孩子的发展，不利于孩子创新意识的养成。一些传统家庭往往对任何事情的处理都以父母的想法为主，不尊重孩子的个人想法，久而久之，导致孩子遇到事情自己没有主见，懒于思考，更无所谓产生创新想法。新时代的家长应该更新教育观念，尊重孩子的兴趣、爱好与想法，营造一个有利于孩子创新意识培养的自由平等的家庭环境氛围。

第四，要摒弃传统求稳定的择业观，鼓励孩子创新创业。中规中矩的传统家庭教育理念往往以孩子未来就业进入公务员体系、事业单位等稳定有保障的单位为主，而对孩子从事创新创业事业却不支持。家长要学习创新理论，更新教育观念，要认识创新的重要意义，年轻人是最具创新能力的群体，如果大学生一毕业就追求稳定，日复一日，很可能在安逸的环境中丧失进取心。随着社会现代化进程的推进，不求上进、缺乏创新意识与创新能力的人最可能被时代和社会淘汰。

（二）发挥创新典型的引领示范作用

榜样的力量在任何时代都是非常强大的。创新典型，作为创新的实践者和引领者，他们以自己的行动和成果，展现了创新的力量和价值。他们不仅是创新事业的引领者，也是创新精神的传播者。他们用自己的行动，引领创新事业的前进方向，给大学生以实实在在的鼓舞和力量。创新典型事迹的舆论宣传，不仅是对他们创新能力和创新水平的肯定与反映，更是对全社会创新意识和创新精神的激发与培育。每一次对创新典型的报道，每一次对创新典型的讨论，都是对创新价值的传播和对创新精神的弘扬。这样的舆论宣传，对于广大学生培养创新意识、提高创新能力具有不可替代的引领作用。在新时代的背景下，随着科技的迅速发展，社会的快速进步，培养大学生的创新意识显得尤为重要。这不仅关系到个人未来的发展，也关系到国家、社会的进步。

因此，需要采取有效的手段来激发新时代大学生的创新意识。其中，发挥创新典型的引领示范作用、做好创新典型事迹的舆论宣传便是一个非常有效的手段。通过各种渠道深入挖掘、广泛宣传创新典型的事迹，让更多的大学生了解他们成功的背后所付出的努力、所积累的经验以及他们面对困难的勇气和决心。这些事迹可以激发大学生对创新的热情和渴望，引导他们向这些典型学习，借鉴他们的成功经验，避免走弯路。

1. 发挥国家创新领军人物的引领作用

自新中国成立以来，我国在科技创新领域取得了许多举世瞩目的成就。这些成就的背后，离不开那些创新领军人物的巨大贡献。袁隆平、邓稼先等科学家都在各自的领域中不断探索、创新，并取得了卓越的科研成果。新时代的大学生，有责任和义务去了解这些创新领军人物的创新事迹，学习他们身上的创新品质，同时深入挖掘他们成功背后的故事，感受他们对于科技创新的执着追求和无私奉献。新时代的大学生，通过了解这些创新领军人物的经历和成就，可以进一步激发自身的创新意志和创新情感。

2. 进一步发挥身边创新榜样的示范作用

当前，不少高校教师和学生积极投身于创新创业的浪潮中，其中一些杰出的教师和学生已经取得了令人瞩目的成绩。为了更好地发挥这些优秀人才的示范作用，高校应该对那些积极投身创新创业活动的师生典型进行深入挖掘，通过实时报道创新教师与学生的典型事迹，开展分享创新经验的座谈会、介绍会等活动，树立大学生可亲可信可学的创新榜样，让大学生切实感受到身边人物的创新力量。伟大的成就往往源于平凡的努力和付出，而身边的榜样正是这种平凡中的伟大。他们的成功经验和奋斗历程可以为大学生提供实际的指导和鼓励，让他们明白只要勇于尝试、敢于创新，每个人都有可能取得成功。

(三)打造勇于创新的网络氛围

截至 2022 年 12 月,我国网民规模达 10.67 亿,这是一个极其庞大的数字。随着互联网的蓬勃发展和网民规模的持续扩大,网络上出现了各种各样的思想观念,其中一些消极的观念逐渐形成了一种网络氛围,这对网民的创新积极性产生了极大的影响,对于大学生而言更是如此。以网络上传播的"躺平思想"为例,这种思想观念指的是年轻一代面对社会竞争压力时,对各类挑战产生了畏惧心理,而选择安于现状,放弃努力。这种"躺平"的网络观念在一定程度上影响了部分大学生,让他们倾向于安于现状,对学习和工作表现出消极怠慢的态度,缺乏进取心,这对于大学生创新意识的培养无疑产生了负面影响。

因此,有关部门应该积极采取行动,强化对网络的监管,净化网络环境,防止消极思想观念的传播和扩散,同时,也需要积极引导大学生树立正确的幸福观,让他们理解到真正的幸福是通过努力创新、积极进取而获得的。只有这样,才能更好地打造一个勇于创新、敢于创新的网络氛围,激发广大网民的创新意识。

1. 加强网络监管,净化网络环境

当前,网络上流传的安于现状的网络氛围已经对部分大学生的创新意识培养产生了负面影响。对此,有关部门必须予以高度重视,采取有效措施加强对网络的监管,具体来说,应该加强对网络信息的把控,禁止传播对大学生创新意识培养产生不利影响的网络错误观念。

同时,有关部门还要积极宣传各种主流创新价值理念,如国家倡导的"大众创业、万众创新"等理念,让这些理念在互联网的每个角落都能够得到体现,以此在互联网上营造一个勇于创新、敢于创新的环境氛围。这种氛围可以潜移默化地影响大学生,让他们以创新为目标,成为创新的践行者,而这种传播创新的网络氛围对大学生培养创新意识具有较强的导向作用。

2. 引导大学生树立正确的幸福观

幸福不是追求安逸、安于现状,而是要通过奋斗和努力才能够获得。真正的幸福需要人们敢于奋斗,只有勇敢地面对困难和挑战,才能够获得人生真正的成就和满足。在新时代,实现大学生创新意识有效培养的重要前提是要积极推动其树立正确的幸福观,同时以正确的幸福观为指导,勇于承担自己的责任和使命,坚定自己的理想信念,不畏惧困难和挑战,敢于创新,勇于创新。同时,大学生还需要具备积极进取、昂扬向上的奋斗精神,要用这种精神状态去培育和践行创新意识,不断探索新的领域、尝试新的方法,用实际行动去证明自己的能力和价值。

三、增强大学生创新意识的自我培养

事物的发展是主观与客观共同作用的结果,对于大学生创新意识的培养,也同样需要主观与客观的统一。从客观角度来看,大学生创新意识的培养取决于学校、国家、社会等多个方面的重视与保障。具体来讲,学校需要提供充足的创新教育资源,国家需要制订有利于创新的政策和法规,社会需要营造良好的创新氛围和文化环境。相比之下,从主观角度来看,大学生自身创新意识培养的自觉性才是关键。

在新时代背景下,要提升大学生创新意识培养的自觉性,需要从以下几方面入手。首先,大学生自身具备扎实的专业知识基础和广阔的知识视野,使其能够在不同领域中寻找创新的机会。其次,大学生需要努力培养批判性思维和独立思考能力。这不仅能够帮助他们辨别是非,而且能够让他们不盲从他人,勇于挑战权威,从而真正实现自主创新。最后,大学生还需要勇于探索未知领域,积极参与创新实践,从而不断积累经验、锻炼能力,为将来的创新打下坚实的基础。

(一)努力培养批判性思维

在现代社会,批判性思维的培养被普遍确立为教育特别是高等教育的目标之一。批判性思维指的是一种具有独立思考、善于分析、不盲从权威、能够发现漏洞并勇于提出改进意见的思维方式。对于大学生而言,具备批判性思维意味着他们能够突破传统的思维定式,敢于挑战权威,善于在辩论和知识学习中发现漏洞并提出新颖独特的想法。对于创新而言,批判性思维是重要的前提条件。在新时代背景下,要想有效培养大学生的创新意识,就需要他们努力培养自身的批判性思维。

1. 要培养自身的问题意识

批判性思维是创新思维的基础,它鼓励人们以独立思考、质疑和判断的态度去审视事物,寻求真理。这种思维方式与单纯的接受性思维不同,它强调对信息和观点进行深入的分析和评估,以获得更全面和准确的认知。其中,好奇心和问题是批判性思维的重要体现。对事物的好奇心可以激发人们对问题的探索和思考,而问题则是批判性思维的起点。只有对现有的成果提出有效的质疑和批判,才能够更好地形成创新意识,产生新的思想和观点。

新时代大学生培养批判性思维的首要任务是推动自身树立问题意识。他们需要学会问问题,善于发现问题,并提出具有建设性的解决方案。通过这样的过程,他们可以逐渐培养起合理运用批判性思维的能力。

2. 要敢于质疑权威和假设

专家和权威的结论并非在所有情况下都成立，要敢于对他们的观点和结论提出疑问。质疑权威是寻找真理的重要途径，因为只有通过质疑和思考，才能够真正了解事物的本质和真相。然而，也要注意质疑权威应该以尊重权威为前提，用分析性的理论方式提出疑问和判断。

大学生在培养批判性思维时，需要克服两个主要的障碍。一是心理习惯障碍。大学生在面对各种问题时，往往会采用惯性思维，这种心理习惯会限制他们的思考方式和创新能力。要克服心理习惯障碍，大学生需要注重思维的新颖性和创新性，尝试从不同的角度和思路去思考问题。二是偏见障碍。偏见是由个人经验或社会背景等对某些特定事物或人群形成的以偏概全的思维模式。这种偏见会影响大学生对事物的客观分析和判断，从而阻碍批判性思维的发展。要克服偏见障碍，大学生需要注重思维的系统性和全面性，尽可能了解和考虑各种可能性和影响因素。总之，克服这些障碍需要打破传统的思维定式，有意识地推动自身批判性思维的培养。

（二）提高独立思考能力

独立思考能力是一种深入探究思维的能力，它使得人们在面对问题时，能够不依赖于他人或既定的结论，而是利用自身的知识储备，以全新的、理性的、深入的视角来得出特定的结论。独立思考是一个积极运用思维能力的过程，体现了个体思维的主动性和独立性，同时也展示了思维的深度和广度。创新思维往往源自独立思考。独立思考是创新意识产生的基石，它激发人们挑战既有观念，探索新的可能，推动人们走出舒适区，尝试新的方法和观点。大学生要想实现自身创新意识的培养和提升，就需要强化自身的独立思考能力。

1. 要多读书，读好书

每个人都有必要培养独立思考的能力，对于生活中的每一个问题，都需要有自己的见解和看法。如果只是人云亦云，没有自己的思考能力，那么可能最终什么都做不好，更别说要有所创新了。为了提高独立思考的能力，大学生可以广泛阅读各种书籍。读书并不是一种脱离实际生活的行为，相反，它能够为各类实践活动提供重要的指导。在阅读的过程中，大学生可能会发现一些自己感兴趣的话题，或者遇到一些有意思的问题，这都会促使大学生进行深入的思考。此外，当阅读的书籍越来越多时，大学生的视野会变得越来越广阔，同时大学生也会接触到各种不同的观点和想法，并逐渐培养出独立思考的能力。

2. 要勤于思考，奇思妙想

大学生应当经常思考自己感兴趣或者关注的问题，不仅要从正面去考虑，还要尝试从不同的角度、不同的维度去审视。他们需要主动发现并提出问题，不要只满足于表面的答案，而要深入挖掘，探索问题的本质。当遇到问题时，大学生应该多问几个为什么，并靠自己的努力去寻找答案，而不是被动地等待别人来告知。同时，大学生要勤于思考，不断探索和钻研问题。他们需要摆脱常规的思维模式，挑战传统的观念和想法，尝试从非常规的角度去思考和解决问题。这需要大学生发挥自身的联想能力，打开超越常规的思路，进行超常规的思考。奇思妙想是一种能够充分展现人的思维能力特点和长处的思考方式。它不是随意的联想和思考，而是建立在现实的、合理的逻辑基础之上，可以帮助大学生打开新的视野，发现新的可能性，从而有利于培养大学生独立思考的能力。

（三）勇于探索未知领域

创新是人类对未知领域的有益探索。未知领域是创新的客体，是创新的空间。要进行创新，就必须走一条前人未曾走过的道路，探索前人未曾涉足过的领域。如果只是跟在别人后面模仿，那么就不能称为创新。未知领域虽然蕴含着新的机会和可能，但同时也常常让人感到恐惧和不安，因为未知往往代表着不确定性和风险。许多人也会因此而停止了探索的步伐。大学生作为未来的社会精英，应该具备强烈的创新意识，勇于探索未知领域。他们应该时刻保持敏锐的观察力，发现新的机会和可能，积极尝试新的方法和技术，勇于挑战传统的观念和思想。

1. 需要大学生增添敢为人先的勇气

"敢为人先"是对时代、对历史的责任担当。在这个快速变革、发展的时代，我国正面临着百舸争流、创新发展的挑战和机遇。大学生作为未来的栋梁和接班人，应该自觉肩负起历史赋予的责任，以敢为人先的精神，勇往直前，创新发展。

此外，大学生还要有甘冒风险、直面挑战的胸襟。大学生要敢于尝试、敢于创新，做吃螃蟹的第一人。既然要领先一步，就必然会面临未知的挑战和风险。为了更好地培养创新意识，必须直面这些挑战，勇敢面对失败，不被失败所打倒，并且要永远展现出勇立时代潮头、善开风气之先、敢于争创一流的创新勇气和魄力。

2. 需要大学生增强克服一切困难的意志力

任何重大的创新，都需要经历长时间的艰苦探索和无数次的失败。这是一个充满未知和挑战的漫长过程，需要有足够的耐心和毅力去面对。例如，袁隆平在创新水稻杂交育种技术时，经历了 15 年的艰难探索，不断尝试、失败、再尝试，最终才取得成功。

由此可见，在面对未知领域的探索过程中，往往会遇到各种各样的困难。有些困难可能很容易就能克服，但有些困难可能会让人感到无助和困惑。此时，大学生就需要有勇于探索的精神和坚定的意志力，不畏艰难险阻，勇往直前。强大的意志力有助于大学生战胜各类挑战和困难，最终取得探索的成功。

（四）积极参与创新实践

创新不仅需要掌握理论知识，更需要勇于探索与实践。脱离实践的理论一定是空洞的理论，且没有理论指导的实践也必然是盲目的实践。科学的马克思主义实践论指出，必须坚持理论和实践相统一的原则，这也是马克思主义的基本原则之一。

实践的过程其实就是理论与实际相联系的过程，它是动手操作、信息加工以及技术运用三者相互协作的过程，更是当代大学生培养创新意识，提高自身创新能力的有效途径。当代大学生要走出校园，走进社会，积极参与实践，在实践中善于发现自身的问题，提高自身分析以及解决问题的能力，并了解当前的社会环境和条件，进而充分利用它们，采用理论与实践有效结合的模式开展创新意识的自我培养，提高自身创新实践能力。

1. 充分利用创新实践平台

为了培养大学生的创新意识并提升其创新能力，各高校应当积极推动各类创新实践平台的搭建和完善，其中包括大学科技园实训基地、创新俱乐部等。大学生应该积极参与到创新俱乐部中，通过各项活动实现创新知识的有效学习，与他人交流创新方法，并培养自己的创新思维，由此来帮助大学生拓宽视野，结交志同道合的朋友，并激发他们的创新潜能。

大学科技园实训基地则在促进大学生创新项目转化为实际创新成果方面扮演着关键角色。在这个基地中，大学生可以参与创新实训，从而实现创新实践经验的积累，掌握符合规范的创新实践方法。这将有助于推动产学研创新成果的转化，进一步促进科技创新和社会发展的结合。

2. 积极参与系列创新竞赛

大学生应该积极报名参加校级、省级、国家级的创新竞赛活动。这些竞赛不仅是一个展示大学生自己的创新想法和创新成果的平台，更是一个能够提升大学生自身创新能力的机会。在参加创新大赛的过程中，大学生能够激发自己的创新意识，通过展示自己的作品或项目，向其他人展示自己的创新想法和创新成果。这不仅能够增强大学生的自信心，也能够拓展他们的创新思维，提高其创新能力。

此外，在与参赛伙伴、对手的交流中，大学生也能够学习到更多的创新知识和方法。通过互相交流和学习，大学生能够激发自己的创新热情，拓展自己的创新思维，从而提高自己的创新能力。总之，大学生要积极参与创新实践，通过创新实践活动和交流学习以及不断提高自己的创新意识与创新能力，推动创新的知行统一，进而为大学生成长为创新人才奠定坚实的基础。

第六章　大学生创新能力开发的内容

大学生创新能力的开发是高等教育的重要内容，也是摆在广大教育工作者面前的一个极具挑战性的崭新课题。因此，有必要深入研究分析大学生创新能力的开发内容，探索大学生创新能力的开发方法和途径。本章则围绕大学生自我创新能力、大学生预测决策能力、大学生处理信息能力、大学生控制协调能力、大学生应变能力与思维能力展开研究。

第一节　大学生自我创新能力

一、大学生自我创新能力的概念与特征

大学生的自我创新能力，就是大学生作为创新主体在日常生活和学习活动中自主引入新思维、新方法、新手段、新体制、新机制的能力，它以创新意识为基础，由学生自身的知识存量所决定。富有自我创新能力的大学生通常具有以下一些特征。

①具有敏锐的洞察力，能预见环境变化带来的机遇和风险，及时发现问题，能察觉细枝末节的情况。

②善于系统全面思考，习惯从多个角度看问题，善于触类旁通，提出非凡的主张。

③富有独立精神，不盲从，勇于打破常规，坚持自己的主张，坚定地走自己的路。

④敢于开拓冒险，大胆探索，能容忍失败，锲而不舍，直到成功。

二、大学生自我创新能力培养的重要性

在科学技术飞速发展的今天，能否掌握适应人类发展的尖端科技，就成为一个国家发展的实力。而大学生的自我创新能力直接影响着科技发展的速度。

(一)适应大学生个人发展的需要

随着高校的扩招,高等教育的职能正在从精英教育向个人素质教育转变,学习也正从阶段教育向终身教育转化,学习成为一个人的终身需求。面对越来越多的信息,大学生可以从多种途径获取知识。而怎样将这些知识与信息自我消化,并在此基础上加入自己的新想法,就成为高校教育工作者真正关心的问题。这个消化的过程便是我们所说的创新意识与能力的形成过程。拥有自我创新能力,会使大学生增强其在社会中的竞争力,进而促进其发展。

(二)适应社会发展的需求

在知识经济时代,知识的更新速度日益加快,掌握、整理、运用和实践知识的能力变得至关重要。对于大学生来说,如何将理论知识转化为实践经验,甚至转化为生活所需的"核心"知识,是他们所面临的重要挑战。为了应对这一挑战,大学生需要具备适应社会发展的自我创新能力。这是因为,这些知识是他们在接触社会生活时对自我认知和自我理解的一种体现。在拥有相同知识的情况下,只有具备自我创新能力的人才能更好地适应社会发展的需求,并及时将自己的思想融入社会,为社会发展做出贡献。

(三)促进国家发展

当代大学生是承上启下的一辈人,培养其创新能力不仅可以使下一代在家庭中接受创新思维的熏陶,而且可以打破上一辈人固守的瓶颈。科教兴国和人才强国是提高国家竞争力的关键因素,二者相互依存,共同推动国家发展。科教旨在培养综合型高素质人才,为国家打造一个更智慧的大脑,而人才的自我创新能力决定着国家科技的发展速度。因此,如何培养出拥有自我创新能力的综合型人才,就成为促进国家繁荣富强的重要因素,也成为提高国家国际竞争力的重要保障。

第二节 大学生预测决策能力

一、大学生预测能力

(一)预测能力的研究发展

预测是人们以自己已有的知识为基础,通过对问题的分析、归纳,或将其与有类似关系的特例进行比较、分析,通过判断、推理对问题结果做出的估测。可以说，预测是发展自身，学好各科理论知识的重要方式之一。

预测能力是一种重要的认知能力，它在许多领域都有着广泛的应用，包括教育、科技、经济等。在教育领域，预测能力被视为一种关键的学习能力，它可以帮助学生更好地理解和掌握知识，提高学习效果。在科技领域，预测能力被用于疾病预测、机器学习、深度学习等领域。在经济领域，预测能力被用于规划和决策，帮助企业和个人更好地应对未来的挑战。

（二）大学生预测能力的概念界定

所谓预测能力，就是根据系统运动、变化与发展的规律，对系统即预测对象未来的行动，通过一定动力所能达到的状态，做出主观与客观达到统一的主观判断的能力。大学生的预测能力可以被定义为他们在学习、生活和职业发展中，对未来事件或结果的预见和预测的能力。这种能力包括对未来可能发生的事件的预见，对未来可能出现的问题的预测，以及对未来可能需要的知识和技能的预测。大学生的预测能力是他们成功适应大学生活，有效学习，以及顺利进入职业生涯的重要保障。

（三）探究与预测——培养大学生科学思辨能力的关键

为了培养学生的探究能力和科学思辨能力，教师需要鼓励大学生在学习探究活动中进行大胆的、深思熟虑的预测。通过引导大学生进行预测，教师可以激发大学生的探究热情，使他们更加积极地参与到探究过程中。同时，教师还需要帮助大学生掌握正确的探究性学习方法和技能，使他们能够更加高效地进行探究活动。

在实践中，教师可以采取多种方式来鼓励和引导大学生进行预测。例如，教师可以让大学生根据已有的知识和经验，对实验结果进行预测，并在实验中进行验证。这样可以使学生在探究过程中更加积极主动地去思考和发现。此外，教师还可以组织大学生进行小组讨论，共同探讨和交流预测结果，促进大学生的思维碰撞和知识交流。

通过这些措施的实施，大学生不仅可以培养出大胆预测的勇气和自信，还可以发展出科学思辨的能力。同时，他们还可以掌握正确的探究性学习方法和技能，为未来的学习和工作打下坚实的基础。因此，教师在教学过程中应该注重大学生探究能力和预测能力的培养，以更好地促进大学生综合素质的发展和提高。

二、大学生决策能力

(一)决策能力的研究发展

1978年,美国科学家赫伯特·亚历山大·西蒙(Herbert Alexander Simon)由于提出"有限理性"假说而被授予了诺贝尔经济学奖;2002年,著名的心理学家丹尼尔·卡尼曼(Daniel Kahneman)由于在决策领域的成就被授予了诺贝尔经济学奖。以上的种种奖项都是对决策科学领域的充分肯定。

这一领域的研究者在进行研究时都是以个体做出决策的规律为研究对象,但是这类研究忽略了人类个性的差异,研究者往往会把个体差异当作误差或者干脆忽略个体差异。这样不仅让后来的研究者忽视个体差异的影响,还导致研究者不断对决策任务和实验范式进行更新,这种更新所产生的越来越多的决策研究范式阻碍了决策测量标准化的发展。

在一些研究者对个体差异进行大量研究之后,决策领域的研究者才开始关注个体差异这一变量对决策的影响。中国科学院心理研究所助理研究员梁竹苑将关于个体差异与决策的研究进行了整理,指出与决策有关的个体差异变量主要有年龄、认知能力、人格、认知风格等。

随着决策领域对于个体差异的深入研究,研究者逐渐从研究与决策相关的个体差异转为直接对个体与个体之间的决策差异本身进行研究,相继发展出了研究个体风险决策行为的风险决策理论、对个体决策方式进行研究的决策风格理论以及对个体决策能力进行研究的决策能力理论。虽然研究者提出的理论不尽相同且各种流派理论还不能很好地相互印证,但是这一研究进展和趋势对于决策能力的个体差异研究及发展有着重要意义。

(二)大学生决策能力的概念界定

"决策"作为一个术语出现最早是在管理学和心理学研究领域,其英文表述为"decision making",意思是做出决定或选择。时至今日,学界对决策的概念界定主要分为三种流派:第一种是最狭义的理解,认为决策是对不确定条件下偶然发生的事件所做的处理决定,强调决策的风险性;第二种观点强调方案选择是决策的关键,认为"决策就是决定";第三种是广义上的理解,将决策看作一个提出问题、确立目标、制订和选择行动方案的过程。

此外,也有一些学者把决策看作一个多阶段、多步骤的分析判断过程,而非单一的动作,他们认为决策的最终形成需要经历找出问题、确定决策目标、收集与沟通情报信息、拟定备选方案、评价和选择方案、做出决策判断、实施与反馈决策方案等一系列外部活动以及一系列内在的、复杂的、动态的思维认知过程，并且个体在决策执行过程中还会面临各种决策情境。

"决策能力"这一概念是随着STS（科学、技术、社会）教育理念的提出被引入教育领域的，但是现有的大部分文献都没有对决策能力做出明确的定义。已知能力的概念属于心理学范畴，指的是在完成目标或执行任务的过程中表现出的综合素质。那么，决策能力指的就是决策主体在完成决策的过程中表现出的综合素质。大学生决策能力是指大学生面对问题时能根据知识经验提出各种解决方案，并利用科学的方法与手段确定最佳方案的能力。

（三）大学生决策能力的测量

在决策研究领域里，一些研究者是通过游戏的形式来判别和衡量个体决策能力的，如气球爆破任务、博弈任务等；还有一些研究者会采用情境测验的范式来测试决策者的决策能力。然而大多数的研究者采用的则是考察直觉和决策偏差问题的个体差异的方法，这些简单的启发式偏差任务只能体现决策能力的某一方面，不足以去判断个体的整体决策能力的高低。正如智力涵盖很多维度一样，在实际研究时不能仅从一个维度去判别个体决策能力的其他维度，更不能仅从一个方面去推论个体的整体决策能力的高低。

就大学生而言，现阶段普遍使用的标准化决策能力评估工具是最新版青少年决策能力量表（Y-DMC），其构成如图6-1所示。

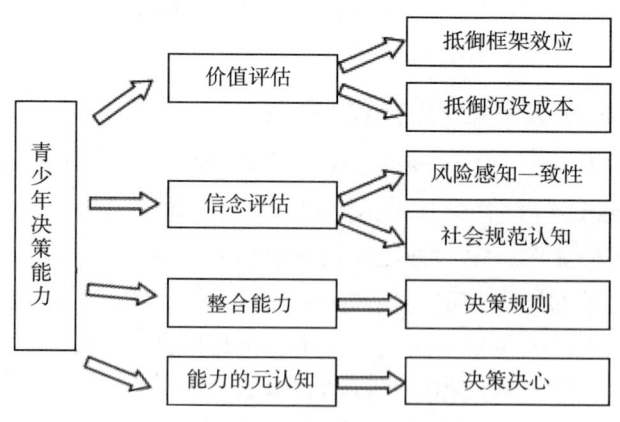

图6-1 青少年决策能力的构成

如图 6-1 所示，可以通过 6 种决策任务来测量价值评估、信念评估、整合能力以及能力的元认知这 4 种决策技能，这 6 种决策任务分别构成了青少年决策能力量表的 6 个维度。

抵御框架效应分量表度量的是被试（心理学实验或心理测验中接受实验或测试的对象）的价值评估是否会受到问题描述方式的影响，因此本维度的题目都是成对的，由 14 对内容一样、但描述方式分为积极框架和消极框架的题目组成，为避免被试发现测试目的，成对的题目中间会穿插其他的任务。此处采用 6 级量表来反映被试的偏好强度，因为 6 分制缺乏中点，它迫使被试表达对选项的相对偏好，即使只是微弱的偏好。被试在该维度上的得分通过 5 减去成对项目得分的差值绝对值的平均值来衡量。

抵御沉没成本分量表度量的是被试在做决策时忽略的先前投资和付出的能力。正常情况下，无法挽回的过去的投资应该被忽略，这样决策才能反映未来可能的结果。本维度共 10 道题，同样采取 6 级量表来反映被试的偏好强度，被试在该维度上的得分通过所有题目得分的平均分来衡量。

风险感知一致性分量表度量的是被试对风险评估的能力。计分方法是配对计分，可能性低的事件发生概率小于可能性高的事件发生概率的则计 1 分，某些相反成对事件发生的概率相加等于 1 的计 1 分，最后的总分即为该维度的得分。

社会规范认知分量表度量的是被试对某些社会规范的认知程度。共 12 条社会规范，24 道题，前 12 道题采用两点评分，要求被试判断该行为有时是否可以接受，后 12 道题要求被试对同龄人中赞同这些行为的人数的百分比进行估计。将全体被试前半部分的题目回答"是"的人数除以被试总量，将个体认为的大众对这个问题的看法与大众实际对这个问题的看法进行等级相关分析，相关系数即为这个测验的得分，相关系数越高表明被试对社会规范的认知越准确。

决策规则分量表度量的是被试在决策前对规则的掌握程度，该部分共 10 道题，要求被试指出，假设某一个消费者使用某种消费规则，他会购买题目中的哪件商品。被试在该维度上的得分通过被试回答的正确率来衡量。

决策决心分量表度量的是被试对自己知识的认知程度。共 20 题，被试需要指出每一道题的陈述是对还是错，然后评估他们对自己答对这道题的信心，范围从 50%（仅凭猜测）到 100%（完全确信）。被试在该维度上的得分通过 1 减去全部题目的正确率与概率判断的平均数的绝对值来衡量，分数越高表示对自身认识越准确。大量研究表明，大学生决策能力的标准化测试得分越高，生活质量越好。

第三节 大学生处理信息能力

一、大学生处理信息能力的概念界定

根据相关学者对处理信息能力的阐述，此处将大学生的处理信息能力界定为大学生为完成探究活动、得出结论，利用观察、测量、实验等方式获取关键、有效的信息，用科学语言或概念图、统计图表等方式记录整理信息，对有效信息进行分析获得科学结论、科学概念、探究结果，并将获取到的信息和自身的知识经验整合起来，应用于解决现实问题的能力。

二、大学生处理信息能力的维度划分

一般来讲，大学生的处理信息能力可分为获取信息能力、记录整理信息能力、分析信息能力和表述信息能力四个维度。

（一）获取信息能力

获取信息能力是指大学生采取一定的方法和手段，从多种来源收集信息，理解和掌握各种信息源，判断所需信息来源的范围，并根据目标提取所需全部信息的能力。获取信息能力是大学生处理信息能力的基础。大学生只有有效提取所需信息，才能对信息进行加工处理、利用和表达交流。

（二）记录整理信息能力

记录整理信息能力是指大学生对获取的信息进行记录整理，去粗取精，去伪存真，筛选有效信息，运用统计表、概念图等各种方法记录整理信息，使信息有序化、系统化，从而筛选隐含的、有意义的信息的能力。

（三）分析信息能力

规范地记录整理信息可以更加高效地分析信息，只有分析出了信息、数据深层次的内涵，信息的价值才能真正体现出来，大学生才能通过有效信息获得最终的探究结论。可以说，准确分析信息的能力是大学生处理信息能力水平的最高层次表现。

（四）表述信息能力

表述信息能力是指大学生通过对信息的获取、记录整理、分析，将所获取的

原始信息和分析所得的信息相结合，进行表达交流的能力。表述信息能力的提高可以促进多个有效信息结合，实现信息资源的跃迁。

三、大学生处理信息能力研究的理论依据

（一）加涅信息加工学习论

美国教育心理学家罗伯特·米尔斯·加涅（Robert Mills Gagne）认为，学习是信息的接收、储存和提取的过程；学习的结果是信息在头脑中的表征，学习的重点是信息的编码。因此，在学习过程中，信息的加工编码尤为重要。加涅在论述学习的类型和学习的结果时，把学习看作一个过程，又将学习过程分成不同的阶段，每一个阶段学习者的头脑内部都进行着不同的信息加工活动，使信息由一种形态转变为另一种形态。加涅认为最经典的学习模式是信息加工模式，并创建了学习过程信息加工模式，如图6-2所示。

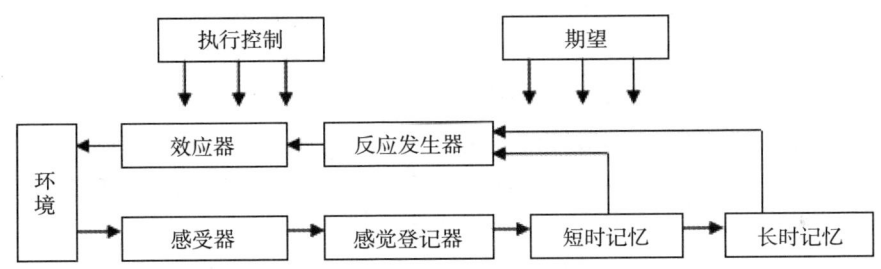

图6-2 加涅的学习过程信息加工模式

加涅的学习过程信息加工模式展示了学习过程的信息流程，这个过程可以分为四个阶段：第一阶段是学习者受到来自环境的刺激，这种刺激作用于学习者的感受器，通过感受器转变为神经信息到达感觉登记器。第二阶段是信息的编码。在感觉登记器中进行信息的编码，这样，来自环境的刺激就以映像的形式短暂地保持在感觉登记器中。第三阶段是储存信息。感觉登记器中的信息继续进入短时记忆，再次被编码后以语义的形式短暂储存，一般只保持2.5到20秒。储存在短时记忆中的信息经过精细加工、复述等就能以长时记忆储存起来。第四阶段是提取信息。当需要用到相关信息时，人脑将会从短时记忆或长时记忆中检索出原有信息，通过反应发生器将信息进行转换。经过反应发生器转换的信息进一步刺激效应器，于是完成了信息的加工和输出。在这个信息的加工过程中，"执行控

制"和"期望"是很重要的一部分。"执行控制"指的是先前已有经验对后来学习过程的影响,"期望"指的是学习者的动机系统对整个学习过程的影响。这两个结构影响着整个学习过程中的信息加工。

(二)信息素养理论

信息素养属于创新发展素养的一个构成部分,信息素养的概念最先由美国信息产业协会主席保罗·泽考斯基(Paul Zurkowski)于1974年提出,包括文化素养、知识和技能三个方面,是一种特殊的综合能力,反映的是人们利用信息的意识和能力,同时也反映了人们的信息修养。21世纪是一个信息时代,信息技术的高速发展深刻地影响着人类的生活方式和工作方式。在这个信息技术高速发展的时代,具备一定的信息能力,成为当代人才培养的重要任务。

美国图书协会和教育传播协会制订了学生学习的九大信息素养标准,之后澳大利亚通过修改美国制订的信息素养标准,于2004年发布修订版《信息素质能力标准》,对学生的能力提出了比较明确的标准。结合美国、澳大利亚和我国信息素养的标准,得出具有信息素养的人应当要具有以下能力。

第一,能够判断所需信息的范围,有效和高效地获取信息。

第二,能够精确地、创造性地运用信息解决问题及做出适当决定。

第三,能够熟练地批判和评价信息,将新概念与本身知识融会贯通。

第四,能够有效地管理、组织与交流信息。

第五,明白处理信息的技能与获取信息的自由是知识型社会持续发展的关键。

第六,作为一个独立学习者,能够探索与个人兴趣相关的信息。

第七,作为一个独立学习者,能够力争在信息查询和知识创新中做得最好。

第八,能够积极参与小组的活动探究和创建信息。

处理信息能力是信息素养中某些方面的体现,从目前的研究情况看,关于处理信息能力的评价还没有形成一个统一的标准,因此,信息素养评价标准可以作为培养大学生处理信息能力的一个理论基础。

(三)双重信息编码理论

双重信息编码理论认为,人的大脑中存在两个功能独立却又相互联系的认知系统,用来处理不同的信息。这两个系统分别是语言编码系统(语义编码系统)与非语言编码系统(心理表象系统)。语言编码系统处理语言信息,并以字符为基本单位储存在文字记忆区;非语言编码系统处理的是图形、知觉上的信息。

其中前者是根据联想和层级来组织的，后者则是根据部分与整体之间的关系来组织的。

虽然语言编码系统与非语言编码系统相互独立工作，但这两种系统之间又存在着联结关系，主要有三种：一是言语刺激和非言语刺激的表达联结；二是语言编码系统和非语言编码系统的联结；三是语言编码系统和非语言编码系统内部的联想联结。

在相关试验中发现，表象的信息加工具有一定的优势，也就是说大脑对于形象材料的记忆效果和速度比语义记忆更好。这个发现可以给教学提供一定的参考：学习材料中的信息同时通过言语与视觉的通道输入大脑，记忆效果会更佳。因此在培养大学生处理信息能力的过程中，应该注重培养大学生结合文字与图形、图表的方法对同一学科知识进行学习、记忆的能力。

四、培养大学生处理信息能力的重要性

一方面，随着移动互联网技术的飞速发展，以及云时代和大数据时代的来临，全球对信息的需求正在急剧增长。如何有效地获取、处理并筛选出有价值的信息资源，对于各个国家、地区、单位、家庭及个人都显得至关重要。对于企业来说，不仅要实现生产、经营和管理方面的信息化，更重要的是要通过分析存储在企业内部和外部的大量数据，来获得对市场的深入洞察和预测分析，从而发掘有价值的商业信息。

因此，在未来的发展中，随着信息技术的不断进步，企业将越来越需要具备优秀的处理信息能力的高技能型人才。另外，在信息时代，个人的处理信息能力也显得尤为重要。随着就业形态的变化，越来越多的人选择自主创业，而对信息的理解和利用能力将成为个人创业中的关键因素。培养大学生的处理信息能力，不仅是时代发展的需要，也是提高学生创新能力和就业能力的需要。

另一方面，由于计算机仿真技术、多媒体技术、虚拟现实技术和远程教育技术的发展，学习者可以克服时空障碍，更加主动地安排自己的学习时间和进度。特别是借助于互联网的远程教育，将开辟出通达全球的知识传播通道，实现不同地区的学习者、传授者之间的互相对话和交流，不仅有望大大提高教育的效率，而且会给学习者提供一个宽松的学习环境。远程教育和在线学习将改变传统的教育模式，并为学习者提供一个终身学习的平台。因此，培养大学生的处理信息能力，目的就是教会大学生掌握现代教育技术，学会自主学习的方法，使大学生通过不断学习，完善自我，以提升其在职场中的竞争优势。

第四节　大学生控制协调能力

一、大学生控制能力

控制就是根据组织要求对成员的操行实际做出相应的调控,以保证组织目标圆满实现的管理过程。关于这个定义可以从两个方面来理解:控制是主体向对象有目的地施加的主动影响;控制的实质是使对象状态符合组织要求。

大学生的控制能力就是大学生通过一定的形式、手段、方法,使各种有关条件和因素都符合要求,从而驾驭和支配有关客观事物的本领。控制能力又分为自我控制能力和他人控制能力。对于大学生而言,需要重点开发的控制能力就是自我控制能力。

作为自我的核心功能之一,自我控制是指个体为了符合社会期望或实现长远目标,有意识地克服自动化反应,掌控自我行为的过程。自我控制能力在心理学研究领域,一直备受关注。不同的心理学流派从不同的方面提出了自我控制的理论,随着研究的推进,自我控制理论已经较为完备。早期理论如精神分析学派、行为主义学派、社会学习理论、认知发展学派等,后期随着学者对自我控制相关心理机制的研究,一些心理学家又提出了新的理论模型。针对大学生的自我控制能力发展,主要介绍以下两种相关理论模型。

第一,自我控制的认知——情绪人格系统模型。这一理论模型的基本假设认为,人格系统并不是由一些孤立的倾向、因素、元件组成,而是由一组具有心理学意义的认知——情绪关系组成。这意味着对人格的研究,涉及个人编码、信念、期望、长远的目标追求、关键策略的运用以及处事经验的影响等方面。这些都与相应的情境有关,是研究人格的线索。其中,"冷""热"系统是自我控制的重要机制,"热"系统对应的是情绪,"冷"系统对应的是认知。"热"系统自发产生驱-避或战-逃反应。"冷"系统使认知参与过程,降低冲动效应。当外界环境的压力增大时,"热"系统支配着个体的冲动水平,这时个体自我控制水平取决于"冷"系统的调节。

第二,自我控制的能量模型。该理论模型视自我控制为可损耗的资源系统,与力量、能量等相似。自我控制任务的执行都会消耗这种资源,从而影响随后自我控制任务的水平;但是自我控制对这种资源的消耗只是暂时的,可以通过休息或放松使其得以恢复。这就意味着个体有意识地评估、修正思维、情绪、行为，可以减少资源的损耗，从而维持自我控制水平。

二、大学生协调能力

在协调能力中，协是共同，调是调和，大学生的协调能力是指大学生能根据具体情况对相关的人或事做出合理调整，从而更好地协作完成任务。协调能力，是化解矛盾的能力，是聚分力为合力的能力，是变消极因素为积极因素的能力，也是充分调动个体积极性的重要能力。协调能力主要包括人际沟通能力、人际交往能力等，下面对其进行简要介绍。

（一）人际沟通能力

社会心理学认为，人际沟通是人与人之间传递信息、沟通思想和交流情感的过程。组织行为学认为，人际沟通就是一种双边的、影响行为的过程。虽然对于人际沟通定义的研究着力点不同，但是学界普遍认为人际沟通是人与人之间进行双向的信息交流与传递的过程。与中小学生相比，大学生思想更加稳定成熟，对待人与事更加理性。

因此，这里可以将大学生的人际沟通能力定义为：能够在不同的情境中与他人以双方可以接受的方式，将自己的主观感受有效地传达给他人，并且能根据他人的反应理解他人的想法和感受的能力。一般来讲，大学生人际沟通能力是由沟通技能、沟通认知和沟通倾向三部分构成的。

（二）人际交往能力

人际交往能力是指妥善处理组织内外关系的能力，包括与周围环境建立广泛联系和对外界信息的吸收、转化能力，以及正确处理上下左右关系的能力。人际交往能力是人与人沟通交流顺利与否的心理特征，是当代大学生必须具备的能力之一，在很大程度上影响大学生以后的生活和工作。

良好的人际关系能够使大学生感到自信和快乐，人际交往能力较好的大学生通常能够很好地解决人际关系中出现的问题，性格较为活泼和开朗。反之，大学生如果对人际关系中出现的问题处理不当，就会产生巨大的心理压力，甚至导致心理问题的出现。一般来讲，大学生的人际交往能力包括主动交往能力、适度拒绝能力、自我表露能力、冲突管理能力、情感支持能力等。

第五节　大学生应变能力与思维能力

一、大学生应变能力

（一）大学生应变能力的概念

应变能力是指自然人或法人在面对外界事物改变时做出相应反应的能力，可能是本能的，也可能是经过大量思考过程后所做出的决策。应变能力是当代人应当具有的基本能力之一。

在当今社会中，我们每个人每天都要面对比过去成倍增长的信息，如何迅速地分析这些信息，是人们把握时代脉搏、跟上时代潮流的关键，对于大学生同样如此。在此背景下，大学生需要具有良好的应变能力，即能在变化中产生应对的创意和策略；能审时度势，随机应变；能在变动中辨明方向，持之以恒。

（二）大学生应变能力的特点

1. 自信性

自信是大学生应变能力的内在特点。一个应变能力强的学生必定是一个非常自信的人，只有对自己有足够信心的学生，才能在突发事件的情况下做到处事不惊、勇敢坦然地做出正确的反应。在招聘现场，只有充分自信的学生才能冷静地应对招聘官的每一个突发奇想的问题。

2. 时效性

时效性是大学生应变能力的基本特点。判断一个学生的应变能力强弱不仅要看在于他的反应的对与错，关键还要看他的反应的快与慢。

3. 针对性

大学生的应变能力是大学生针对某件发生变化的事物做出反应的能力，具有极高的针对性。

4. 广泛性

广泛性主要体现在大学生所具备的丰富经验和知识底蕴上。当事物发生变化时，有经验的学生会根据以往类似的情况采取往日的处事方式来处理，如此一点一滴地累积起来，总结经验，取长补短，为锻炼良好的应变能力提供了基础。

二、大学生思维能力

（一）大学生思维能力的概念

思维能力是指个体能动地分析、整理、鉴别、消化、综合思维对象，以形成新的思想，获得新的发现，制定出新的决策，从而发挥智慧能力，达成目标的思维活动。它是一系列支配个体心理活动的思维技巧的组合。

不同的研究者对思维能力有不同的分类，其中比较有代表性的分类有：①将思维能力分为"识记、理解、应用、分析、综合和评价"；②将思维能力分为"认识，记忆，发散式思维，聚敛式思维和评价"；③将思维能力分为"分析和综合；抽象和概括；分类；比较；系统化和具体化"几个部分。另外，还有学者依据复杂程度将思维能力划分为基层思维能力和深层思维能力。

基于此，我们可以认识到大学生思维能力就是大学生在思维过程中对客观事物进行信息加工的能力，也是大脑运用思维分析、概括材料，认识客观事物本质规律的能力，包括比较与分析能力、抽象与概括能力、归纳与演绎能力、逻辑思维能力、辩证思维能力、批判思维能力等。

（二）大学生思维能力研究的理论依据

在实际教学中，对大学生思维能力的培养绝不是"空中搭建楼阁"，不仅需要以教学内容和思维方法为支撑，而且需要以一系列先进教育理念为指引。关于大学生思维能力研究的理论依据，主要包括以下两方面。

1. 思维心理结构理论

在课堂教学过程中，学生的思维发展往往被忽视。由于学生思维结构的差异性，教师需要及时调整教学方法，以适应学生思维心理的年龄特征。因此，有学者提出了"三棱结构"这一概念，旨在更好地理解和引导学生的思维发展。

思维结构是一个智力（认知）因素和非智力（认知）因素交互作用的系统。思维材料是底座，是最为基础的部分。思维材料分为两类：一类是感性材料，包括感觉、直觉、表象等；另一类是理性材料，包括概念、推理和证明等。思维过程其本质就是一个信息加工的过程，为了完成信息的接收、存储、处理和传递，离不开表象感知、联想想象等形象思维要素和分析综合、判断推理等抽象思维要素的协同配合，与此同时，还要关注思维的自我监控以及非智力因素的影响。换句话说，在实际教学中，不仅要关注学生对思维材料进行感性或理性的思维操作能力，还要关注学生本身的学习动机、兴趣、情感、意志等非智力因素的交叉作用。

在教学中，学生的形象思维不容忽视，唯有发展好形象思维能力，学生的抽象思维能力和创造性思维能力才能得到切实提升。教师万不可一味放任"形象"而去追求"抽象"，也不可陷入应试的枷锁中，忽视学生学习的主观能动性和对学生的思维训练。此外，思维监控、思维品质以及外部环境等因素也对我们提升学生的思维能力产生了影响，在思考改进路径时，教学策略也应体现这些内容。

2. "最近发展区"理论

在成人的指导与帮助下可能的问题解决水准与在自主活动中可能的问题解决水准之间的落差，可以界定为"最近发展区"。该理论为教师认识学生的学习与思维的发展提供了契机。

反观一线课堂，学生借助形象思维、直觉思维等思维方法形成了一定的生活经验与日常思考，那些储存在头脑中"已经知道的东西"就是现有的发展水平，那些需要分析性思维、批判性思维、创造性思维等思维参与，来实现文本知识的深入理解与意义架构的"尚不知道的东西"则对应了学生的"未知"水准。在通向"未知"思维水平的道路上，存有"最近发展区"。

在实际的课堂教学中，教师可以通过情境创设、有效提问等一系列教学策略来实现学生内在"已知"与"未知"的碰撞与链接，学生思维的原动力就会被有效激活。应该说，合理定位教师与学生在课堂中的角色，可以更好地激发学生的思维潜能，启迪他们无限接近甚至超越思维素养的"最近发展区"。

第七章　大学生创新能力开发的策略

大学生是国家的栋梁，大学生的创新能力直接影响着创新型国家的建设和发展。大学生创新能力的培养和发展是一项系统工程，它既是一种训练和培养形式，也是大学生个体作为行为主体的内在意识、需求和体验。近年来，我国高校教育不论在数量还是规模上都得到了飞速发展，但创新型人才的开发和培养还无法满足时代与社会的发展需要，这使得创新能力开发的任务更加突出与紧迫。本章围绕营造良好的创新环境、促进大学生自我创新和加强大学生创新能力开发展开研究。

第一节　营造良好的创新环境

一、国家层面

环境是人赖以生存和发展的各种要素的总和。环境给人影响，制约人的活动。环境是一种重要的教育资源，其对大学生的成长和发展、思想和行为有着十分重要的影响。因此，新时代培养和提升大学生的创新意识要营造崇尚创新的环境氛围。

（一）营造良好社会环境，为创新提供土壤

营造有助于当代大学生创新意识培养的社会环境十分重要，势在必行。良好的社会环境能够为创新提供土壤，为国家培养出创新型人才提供有利的条件。

1. 营造和谐稳定的政治环境

民主、和谐、稳定的社会政治环境是国家建设创新体系与培养优秀创新型人才的政治基础。只有在政通人和、和谐稳定的社会政治环境下，人们才会真正地认识到创新的重要性和必要性，并与时俱进地顺应时代的发展潮流，致力于创新。

一方面，我国应注重自身内部的政治环境建设。我国应建设并发展国家创新体系、研发促进自主创新的发展计划与战略、提供促进自主创新的行政服务、强化科技宏观的管理、完善有利于自主创新的法治建设与知识产权的法律体系、全面健全知识产权的管理制度、在全社会大力宣传推行创新教育、增加每年全国科学技术大会的实际影响力、创造有利于实现科技进步与技术创新的氛围，进而保证我国人民生活在有利于创新的和谐稳定的政治环境中。

另一方面，我国还要防止敌对势力对我国政治环境的干扰与分化。目前国内外仍然存在一些破坏我国国家统一和民族团结的敌对势力，他们通过各种渠道传播一些不利于民族团结的错误言论以及不正确的人生观念，破坏我国社会政治环境的稳定，进而使得我国一些思想不成熟、政治立场不坚定的大学生产生歪曲的认识，严重影响他们对于创新的主动性与积极性。这就要求我国时刻要坚定政治立场，给予影响我国稳定的敌对势力严厉的打击，建设一流的能打胜仗、作风优良的军队，保卫我国的政治环境长久和谐稳定，进而为大学生创新意识的形成与发展营造一个良好的社会氛围。

2. 营造公正有序的文明环境

公正有序的社会文明环境是大学生创新意识培养的基本要求和重要前提，它主要表现为社会法制完善、社会机制健全、社会秩序良好、社会管理得当、社会充满友爱、人民安居乐业。只有营造出了公正有序的社会文明环境，当代大学生才会敢于创新，勇于创新，把更多的精力投入创新中去。可以说，要想培养当代大学生创新意识和创新实践能力，就必须营造一个公正有序的文明环境。营造公正有序的社会文明环境，法治和德治的相互配合是关键。

（1）必须完善法制体系

首先，在立法层面要做到全面性，做到法网恢恢，疏而不漏，使法律法规能够体现在社会中的每一个角落，让破坏社会公平的违法者无藏身之处。其次，必须坚决地打击各种触犯法律法规的不法分子，对于破坏社会公平正义的人，应给予严厉的打击，严惩社会的不公正之风。最后，要切实加大普法教育，向全社会广泛地宣传讲解法律所规定的内容，让当代大学生更好地了解法律知识。

（2）必须大力推进道德教育

一个社会能够安定有序，在很大程度上取决于全体社会成员的人格品质以及思想道德素质。为了能够给创新提供公正有序的文明环境，就必须加强全社会成员的思想道德，培育文明的社会风尚。如果整个社会都充满着道德之风，没有投机取巧、偷奸耍滑、相互抄袭，那么无形中就会给创新者提供了充分的保障。营造公正有序的文明环境，是一项长期并且艰巨的任务，更是一项复杂而系统的工程，需要全社会的密切配合、全体人民的共同参与，只有全社会齐心协力，共同铸造，才会确保我们的社会公正有序，进而为大学生创新意识的培养提供有利条件。

3. 营造宽容进取的文化环境

中华民族是一个具有 5000 多年历史的民族，有着十分灿烂的传统文化。一个民族、一个国家的文化和科技的创新有着相互促进的密切关系，具体表现为创新文化孕育着创新事业，与此同时创新事业反过来激励着创新文化。

新时代要求我们要借鉴国外的先进理念和经验，辩证地将人文教育和科技教育、实践课程和个性化培养、探究性学习与启发性教育紧密结合，彻底破除家长制和平均主义的传统观念，消除官本位思想和经验主义的影响，进一步解放思想并扩大文化开放，营造构建一个宽容的文化环境，进而在多元化的文化氛围中，使当代大学生产生独到的见解。要剔除传统文化中不利于培养当代大学生创新意识的旧思想，摄取传统文化与国外先进文化中有利于创新的观念与思想，营造一个宽容的社会文化环境，为创新提供优质土壤。

（二）建立公共服务平台

近年来，高校毕业生数量越来越多，就业压力越来越大。如此严峻的就业形势，引起了国家的高度重视。党中央和地方政府制定了相应的措施，对培养大学生的创新能力起到了关键的作用。政府部门应该从创新服务体系和政策着手，支持、鼓励创新，从而形成一个创新的政策体系，鼓励创新、支持创新、服务创新和保护创新，让大学生成为创新者，并且形成创新促进就业的局面。

1. 为大学生提供创新信息

政府部门和各创新机构需要相互协作、相互配合，对现今大学生缺乏项目、缺少资金等情况进行分析，通过建立咨询平台、培训平台、孵化平台等方式，大力支持大学生进行创新活动，从各个方面培养大学生的思维意识以及创新能力。另外，政府部门和各创新机构也可借助互联网在宣传方面的优势，向大学生提供创新指导、创新资金、创新大赛、创新论坛等各种创新信息，激发他们的创新兴趣，为他们提供良好的交流平台。

2. 为大学生提供创新培训

对大学生的创新培训，一般都是根据政府部门的相关政策来实施的，各高校应不断地开展创新教育的系列培训。如果大学生想要学习更多的创新知识，则可以向所在学校申请，以获得更多参加培训的机会。

3. 为大学生提供创新项目

政府应建立健全相应的制度，为大学生提供一些优秀的开发项目。例如，软件开发、网络服务等。

4. 为大学生提供创新导师

除了开展创新培训，为大学生提供创新导师也是必要的。具有丰富实践经历的专家可以为大学生创新的各个阶段提供分类指导，不仅可以帮助他们进行创新，还可以降低他们在创新期间遇到的风险，避免不必要的损失，使得成功的创新者可以带动和支持鼓励没成功的创新者。

5. 为大学生提供创新基地

我国政府部门需要大力支持创新平台的构建，根据平台的发展，提供相应的服务以及场地，使大学生在进行自主创新期间能够减少不必要的干扰因素。

6. 为大学生提供政策咨询

近年来，政府部门实施了很多支持大学生创新的政策，从总体上看，大学生对出台的政策的了解不够深入和详细。咨询机构的运行，可以为大学生的创新提供统一的规划，如相关流程的顺序以及资料的准备等内容，可以使创新更高效。

7. 为大学生提供法律保障

大学生在创新期间需要获得相关的法律援助，援助律师可以根据相关内容进行项目的规划以及事项的分析，同时也需要保护大学生在创新期间的合法权益。

8. 为大学生提供心理辅导

大学生在创新过程中总会有各种问题和困难产生，甚至还会遭遇失败与挫折，这时，相对应地也会产生较大的心理压力。因此，政府部门和高校有必要配备相应的人员，为创新者提供心理咨询，对创新者给予相应的心理辅导。

（三）完善国家相关政策与机制

1. 增加国家级创新竞赛的次数

创新竞赛是指在高校课堂教学之外所开展的和课程有紧密关系的各类竞赛，大学生创新竞赛是培养和展示大学生创新能力的重要平台，目前我国比较成熟的创新竞赛有全国挑战杯比赛和全国数学建模大赛等。

目前，对于全国的大学生来说，国家级的创新竞赛并不是很多，因此要增加国家级创新竞赛的次数，激发大学生的创新兴趣和热情。创新竞赛和创新意识培养之间有着十分紧密的天然内在关联。创新竞赛的主要意义在于给当代大学生提供了一个平台，来引导大学生树立创新观念，培养创新意识，提高其发现问题、分析问题以及解决问题的能力。大学生参与创新竞赛的过程其实不仅是提高其创新意识和创新能力的过程，更是一个使其充分吸取知识、增强自身知识底蕴的过程。

2. 完善大学生创新竞赛的奖励机制

目前，我国对在创新竞赛中取得优异成绩的大学生给予了一定的奖励，但是给予的奖励对大学生所产生的吸引力以及诱惑力不足，导致一些大学生对创新竞赛的兴趣淡薄。参与创新竞赛项目对于大学生来说意味着要付出很多的时间与精力，同时还需要承受着比赛失利的心理负担。

因此，要建立和完善奖励激励机制，提供更为丰厚的奖励资金，吸引大学生大胆地参与到创新中来，提高其创新能力。除了要给予在竞赛中取得成绩和名次的大学生充足的资金奖励，还可以在推免研究生入学以及推荐就业等方面给予其适当的政策倾斜，激发大学生参与创新竞赛的热情。

3. 扩大创新竞赛的覆盖领域

目前，我国所开展的创新竞赛主要以科技电子类的创新为主，创新竞赛的类型十分单一且覆盖领域非常狭窄，因此我国应拓宽创新竞赛的类型和涉及面，如举办文史哲学理论类、农业林业技术类、化学化工类等多方面领域的创新竞赛，这就使得更多专业的大学生能够有机会参加自身所学领域的创新竞赛，可以吸引更多大学生投入创新的队伍中来，促进了国家创新型人才的培养。

（四）构建有利于大学生创新的机制

完善科技创新机制是创新驱动发展的重要内容。国家实施创新驱动发展战略需要完善科技创新机制，也需要构建有利于大学生创新的机制。新时代背景下，构建有利于大学生创新的机制需优化科学的创新评价机制、建立合理的创新奖励机制、完善有效的创新保障机制、设置必要的创新风险分担机制，从而为大学生创新意识的培养和提升提供强有力的制度保障。

1. 健全合理的创新激励机制

激励是人才培养的重要手段，它可以充分调动人才的积极性和创造性。实现创新发展，提升创新人才的创新能力要健全合理的创新激励机制。合理的创新激励机制能够通过具有竞争力的利益回报机制、科学化的人才奖励项目鼓励创新，激发和保持创新主体的创新热情。

（1）健全创新人才利益回报机制

健全和完善科技创新人才利益回报机制就是要构建充分体现知识、技术等创新要素价值的创新人才利益回报机制，其中关键是在大学生创新利益回报的过程中要把知识、技术等创新要素的价值与创新人才的回报结合起来，突出知识、技术等创新要素在大学生自主创新过程中的重大作用，贯彻以增加知识价值为导向的利益回报政策，为培养立足时代、服务国家的创新人才提供物质激励与基本保障。

（2）科学设置创新人才奖励项目

对大学生创新群体的奖励项目设置上要体现公平公正的原则，对待任何专业的创新人才要一视同仁，让各个专业参与创新的大学生都有得到奖励的平等机会；同时，要坚持以激励为主的原则，尽可能激发大多数大学生的创新积极性，如果奖励项目只与少数创新大学生有关，那么创新激励的效用不大，在各类的创新项目中应该分层次设立奖项，如创新奖、进步奖、鼓励奖、活动奖，充分调动尽可能多的大学生参与创新的积极性、主动性和创造性，使各个参与创新活动的大学生都充满创新热情，力争上游。

2. 完善有效的创新保障机制

创新保障机制是为创新人才从事创新活动提供物质保障和权益保障的重要机制。新时代大学生是实现第二个百年奋斗目标的中坚力量。加强创新制度建设，完善有效的创新保障机制是新时代大学生培养创新意识的有力保证。国家要促进科研经费向普通高校倾斜，促进大学生的创新成果转化，保护其知识产权，从而为培养新时代大学生的创新能力和创新意识提供物质上和精神上的支持。

（1）科研经费要向普通高校倾斜

我国在科研经费的投入上是十分有力的，部分重点高校科研经费也较为充裕，但是普通高校科研经费存在不足的状况。全国重点高校只占全国大学的一小部分，也就是说大部分的学生上的都是普通高校，多数普通高校的学生有志于创新，但是往往没有相关科研经费的支持，没有办法进行创新研究。国家的各方面建设实际靠的是大多数普通高校的学生，因此，国家应该推动科研经费向普通高校倾斜，为所有有志于创新的大学生提供创新的经费保障。

（2）促进大学生的创新成果转化

国家要完善相关政策，设立大学生创新成果转化服务机构，保护大学生的知识产权；要通过设置知识产权法制保障制度，增强大学生对知识产权的保护意识，提高大学生创新成果转化率的落地率；同时，要推动政府、企业和大学生创新团队的合作对接，拓宽成果转化渠道，为大学生创新成果转化和创新项目落地提供帮助。

3. 设置必要的创新风险分担机制

创新意味着对传统的突破与改变，否则就不是创新。从创新的基本内涵来看，创新与风险是一体两面的关系，创新始终伴随着风险，有风险就可能面临失败。事实上，无数的事例证明每一次重大的创新过程，失败是多于成功的。由此可见，创新风险是创新道路上必不可少的台阶。大学生创新群体肩负着创新型国家的建设和民族复兴的历史重任，其在创新的过程也会遇到很多风险，国家应该针对此问题设置必要的创新风险分担机制。

（1）建立多渠道的创新资金投入机制

大学生创新群体在创新的过程中会面临创新创业失败的重大风险，针对此问题我国应该建立多渠道的创新资金投入机制以保障大学生创新活动的持续进行。为此，对于大学生的创新与创业应加快形成财政优先保障、金融重点倾斜、社会各方积极参与的多元投入格局，确保投入主体多元、投入力度不断强化，从而形成可持续发展的创新资金风险分担的长效机制，让大学生的创新活动不为资金所阻碍。

（2）加大对基础研究和原始创新的支持力度

科技自立自强必须建立在基础研究和原始创新的深厚根基上。基础研究和原始创新都是从无到有的过程，而且非常耗时、耗力，这个过程还会经历很多方面失败的创新风险，更需要耗费大量的资金。

因此，国家要鼓励大学生进行基础研究和原始创新，加大对基础研究和原始创新的支持力度，为培养基础研究的创新人才提供支持和保障，以保障大学生创新群体可能在若干创新前沿领域实现重点突破，为建设创新型国家奠定坚实基础。

（五）出台相关法律法规

大学生创新创业素质培育政策是各级政府为了提高大学生的创新创业素质而制定的一系列规范和措施。这些政策是创新创业政策的基础性单元和内部动力来源，旨在通过出台相关法律法规、完善专项指导性文件、加大政策执行力度等方式，支持、引导高校和社会力量对大学生进行有效的创新创业素质培育。

法律法规是全社会进行大学生创新创业素质培育的重要参考依据。政策的制订可以为大学生创新创业素质的发展提供明确的指导方向和制度保障。为了更加凸显法律法规的重要性，建议完善《中华人民共和国就业促进法》，并出台与创业教育相关的法律，进一步明确社会、政府、高校、企业、家庭等在大学生创新创业素质培育中的任务、责任和义务。同时，针对各培育主体应制定进一步的制度规定，确保各司其职、各尽其责，为实施大学生创新创业素质培育提供重要的法律依据。

（六）完善专项指导性文件

目前，国家出台了很多关于创新创业的政策文件，关于大学生创新创业方面的文件也有不少，每年也都发布关于大学毕业生就业创新创业的通知，但这些文件中大多数是针对大学毕业生的一些扶持性政策，针对在校大学生的仅有《教育部关于大力推进高等学校创新创业教育和大学生自主创新创业工作的意见》（教办〔2010〕3号）、《教育部关于做好"本科教学工程"国家级大学生创新创业训练计划实施工作的通知》（教高函〔2012〕5号）、《普通本科学校创新创业教育教学基本要求（试行）》（教高厅〔2012〕4号），大学生创新创业素质的获得需要一个过程，并且要贯穿大学生的整个大学生涯。

因此，国家应当制订一部具有指导性的文件，尤其是针对在校大学生创新创业素质培养方面的文件。在该文件中，应明确高校在大学一年级阶段就要开始介入，并制订大学期间的人才培养方案和目标。同时，该文件应尽可能明确开展在校大学生创新创业素质培养的相关要求，联合各相关部门制订配套文件，包括课程建设、师资队伍建设、产学研合作等，从而形成完整的政策框架体系。此外，该文件应进一步细化和加强大学生创新创业素质培养的政策指向。

(七)加大政策执行力度

政策是一种具有根本性、全局性、长期性和稳定性的理论,是大学生创新创业素质培育的主要途径。只有严格执行各项政策,才能实现大学生创新创业素质培育的发展目标。国家制订的有关大学生创新创业的教育政策必须科学、有效执行,才能实现大学生创新创业素质培育的目标。

目前,国家出台了许多关于大学生创新创业的政策,但在具体执行过程中,有些地方和高校总是打了折扣甚至流于形式,存在落实不到位的情况,没有坚决贯彻落实国家有关大学生创新创业的政策精神。落实并不是把国家有关大学生创新创业的政策挂在墙上,也不是挂在嘴上,而是要落到实处,更重要的是要吃透国家有关大学生创新创业的政策精神,不能"碎片化"地去理解和执行,要有力地落实国家有关大学生创新创业政策的"伦理内涵"。学校要有大胆突破既有格局的勇气,做到上中下互动,形成政策的良性运转。上行下不效,有令不行,再好的政策,也无济于事。贯彻落实国家政策还要有监督机制,如果从教育部到地方、高校不能有效发挥监督职能,国家政策的贯彻落实情况很难到位。只有执行得力,政策才可以转化为大学生创新创业素质培育的力量源泉,才可以真正促进大学生创新创业素质的有效发展。

二、学校层面

(一)构建知识共享平台

随着知识共享的纵深发展,学校可以通过构建知识共享平台,为大学生提供"线上+线下"相结合的资源共享服务,以平台为载体,促进大学生分享知识、技能、创意、设计、经验等知识资源,实现知识共享。在知识交流、共享、转化的过程中,大学生自然而然地会按照共享的知识资源产生新的想法,从而促进创新意识的形成。

同时,依托现代信息技术和互联网平台构建而成的知识共享平台,也为高校创新型人才培养提供了新的思路,拓宽了大学生创新能力培养的路径。与传统的创新能力培养方式相比,知识共享平台具有一定的创新性。大学生借助平台可以随时学习创新知识、进行创新活动,并可以通过平台的信息交互功能,与教师、同学以及对创新项目主题感兴趣的其他人员进行交流,相互分享知识、技术和创新经验,不断提高自身的知识水平和创新能力。教育主体需要密切关注大学生在知识共享过程中创新素养和创新能力的发展趋势,关注大学生在参与知识共享、创新教育过程中产生的问题和困惑，及时为大学生提供解决问题的建议，进一步促进大学生创新能力的提升。

（二）营造良好的创新环境

良好的创新环境是培养大学生创新能力的条件，是高校推行素质教育的时代要求，也是科教兴国的必然要求。一般来讲，可以从以下四个方面着手营造良好的创新环境。

第一，在创新理念方面，高校应遵循鼓励创新的理念，在思想认识上达成共识，将激发大学生的创新意识及培育他们的创新能力的具体要求纳入高校教学及管理的全过程，在全校师生中形成共识，在全校营造以创新为荣的良好环境，培养大学生良好的创新意识及创新能力。

第二，在创新宣传方面，高校一方面应通过新媒体等宣传工具和手段，在校内外营造注重创新、鼓励创新的环境氛围；另一方面应在全校树立创新人才典型，鼓励师生向创新人才学习，增强创新人才的号召力和影响力。

第三，开展专题培训和教育。学校科研部应举办以创新意识和创新能力的培育为主要内容的讲座、培训和座谈会等，通过有计划、有目的的讲座和培训，引导师生强化对创新意识和创新能力重要性的认识，增强师生对高校推行创新精神和创新文化的认同，树立正确的人才发展观。学校学工部应将创新意识和创新能力的培育内容融入学风建设、班级管理、辅导员考核、学生评优评奖等指标考核体系中，如要求把创新意识和创新能力的培育等方面的内容纳入班级活动、班会内容、社会实践等，鼓励班级、年级、系部举办具有专业特色的创新活动。

第四，搭建激励创新的平台。创新平台是创新型人才培养的主要依托。因此，高校应建立创新产业和创新技术的研发平台，为师生创新创业营造良好的创新环境、搭建高效的科研平台。

（三）加强创新能力教育顶层设计

1. 完善创新能力教育体系建设

为了培养具备全面发展的理念和承载时代重任与历史使命的"时代新人"，高校教育必须坚持形成科学的高质量育人体系，并加强顶层设计，提升育人成效。只有这样，才能在新的"双一流"高等教育竞争中赢得发展机遇。

高校应以创新型人才培养为导向，结合专业特色和行业优势，形成依托质量、结构、效益等内涵式发展的特色学科；主动对接行业、区域和社会经济产业转型升级发展需求，完善大学生人才培养模式；增强创新型工程教育意识，更新优化专业结构；形成由教务处统筹谋划、学院推进实施、广大教师积极参与的高校创新教育课程体系，不断推进大学生创新思维和创新能力培养，提升创新教育育人成效。

2. 建立多层次分类人才培养模式

高校应以创新能力培养为导向，依托现代教育教学理念，建设体现专业特色和创新能力培养的课程群，编写以创新能力培养为导向的系列培养方案、教学计划、实验指导用书、实验项目卡片、企业实习/工程实训指导书、国家/省一流在线课程及多媒体课件，提高大学生课程教学内容的开放性和新颖性，为大学生构建创新知识体系和培养创新能力提供必要的知识和指导。

高校应采用启发式和讨论式教学，将最新的科技前沿、文献资料、科研成果引入课堂，调动大学生学习的积极性、主动性和创造性。同时，高校也应改变过去传统的"唯分数论"的考核方式，构建有利于培养大学生创新能力的考核机制，建立综合评价机制，结合学业成绩、科研成果、学科竞赛获奖情况和社会活动参与情况，对大学生进行知识、能力和素质的综合考评。

3. 创新实践性教学体系

高校应持续增加经费方面的投入，探索动态化、持续改进型培养模式，主动对接经济社会发展和市场需求，通过"实验、实训、实习"等实践性教学环节实施素质教育。

此外，高校应深入推广科研驱动和实践驱动相结合的创新能力培养模式，鼓励教师积极开设各类讲座，按照教师的科研项目、经济社会需求、学生设想的科研课题，依据大学生所学专业特点以及兴趣爱好，鼓励大学生自主选修本科生创新实验和开放选修实验。同时,高校还应组织大学生参加各类学术科技活动,如"挑战杯"大学生课外学术科技作品竞赛、国家级/省级大学生"双创"训练计划项目、大学生节能减排社会实践与科技竞赛等学科竞赛和科学研究工作，鼓励大学生积极参加创新创业活动，提升学习兴趣、实验创新能力。

4. 强化创新创业教育

高校应为大学生提供创新创业平台，充分调动大学生的积极性，鼓励大学生主动参与各类学生科技创新活动、学科竞赛与创新创业项目，使大学生不断思考问题、解决问题，激发大学生的自我驱动力，培养大学生独立思考、自主创新、勇于实践的精神。此外,高校还应组织专家指导各类创新创业项目，对实践能力强、责任心强的青年教师加强培训，在提高教师综合素质的同时，打造高素质的创新创业师资队伍，为学科建设、专业发展以及提高大学生的创新能力提供人力支撑。

（四）打造一支创新型师资团队

高校是国家培养高层次创新人才的重要基地，高校教师作为专业知识和创新知识的主要传播者，其自身工作理念和方法对于大学生创新能力的培养影响深远。因此，构建专业的教师队伍，提升高校教师的综合素质至关重要。

1. 组建专业的教师队伍

高校教师在高校教育中扮演着至关重要的角色，他们是创新能力培养的关键影响因素。他们的教育水平和综合素质直接影响教学效果的呈现。高校教师的创新能力是高校创新教育的重要保障，因此，吸纳和组建专业的创新教师队伍，加强创新师资力量对于高校创新教育和大学生创新能力的提升具有非常重要的意义。

对于高校而言，专业创新教师队伍建设可以有效提升学科水平，支撑学科发展；可以更好地促进创新成果的产生和转化；可以激励队伍里的教师不断成长，最终形成良好的成长氛围。

对于大学生而言，教师拥有一定的创新知识，可以在日常的学习和生活中对大学生的创新意识进行启发，可以采用科学、与时俱进的方法激发大学生的创新热情，对大学生的创新实践做出更好的指导。因此，组建具有创新意识的教师团队是特别重要的。在高校教师招聘环节，可以适当向国企、优秀企业、行业领先企业倾斜，通过考核模式挑选"双师型"教师，将行业、企业优秀人才纳入高校教师队伍，为高校教学带来更先进、实用的知识。

2. 完善教师的选拔机制

高水平教师团队的构建要从教师的选拔、培养、发展各个层面进行。

首先，在教师的选拔方面，要坚持引育并举的原则，通过推荐、选拔等方式挑选不同专业对学科前沿和创新政策了解的老师，同时增加选拔条件，选拔的教师要求不仅拥有过硬的专业知识，还要有创新思维。由选拔的教师组织专业的创新团队，学习和传授系统的创新方法，通过队伍发展加强不同学科间的交流与合作。

其次，在教师的培养方面，以师资力量整体提升为目标，根据教师个性化和专业化发展需求，安排教师定期进行创新类课程学习，如研讨、培训、学术交流等，提升教师创新水平、教育水平和管理水平等。

最后，在教师的发展方面，还要求教师对国家发展、专业创新前沿时时了解，坚持不停地学习，将最新的教育科研成果运用到教学中。高校要构建合理的教师吸纳体制，形成"人才蓄水池"。

3. 创新教师的考核机制

构建人才队伍固然重要，但更重要的是留住人才，让教师拥有更广阔的发展空间，优化教师发展环境。因此，制定合理的教师评价机制至关重要，要做到科学评价，针对不同学科设置不同的评价指标，分类分层地对人才进行评价，逐渐形成稳定的教师队伍。

第一，高校要建立综合全面的教师考核机制，打破"唯论文"的考核方式，以综合的眼光建立考核标准。在教师评价机制中纳入师德师风考核、课堂教学质量、学生评价等多方面的考核标准。

第二，构建分类评价制度，以发展的眼光建立考核标准。高校是不同学科和专业的集合，那么高校教学也有不同的教学方法。对于不同类型、不同专业的教师的业绩应该分类分级评价，杜绝"一刀切"的考核方式。要充分认识到创新的艰巨性和创新成果转化的实践性，在考核创新成绩时要充分考虑客观条件的影响。

（五）依托实践活动培养大学生的创新能力

1. 加大课外学术科技活动的宣传力度

为引导更多的学生参与到课外学术科技活动中去，高校应加大课外学术科技活动的宣传力度，组织开展各类课外学术科技活动宣介会，并邀请经验丰富的教师来分享自己的看法。

此外，高校也可以收集往届学生参与课外学术科技活动的成功案例作为宣传媒介，激励有创新意识的学生参与进来。高校应开拓课外学术科技活动的宣传渠道，在学校官网增设课外学术科技活动的专栏，邀请专家学者在学校开展专题讲座与举办科技转化成果展览等。

同时，课外学术科技活动宣传应做到不厌其详，通过校园媒体进行广泛宣传，让学生可以了解到各类课外学术科技活动所需要的专业技能，从而进行查漏补缺。在进行宣传的过程中，最重要的是让学生明白自己为什么想要参加此类活动，而不是盲目地从众，这就需要高校普及课外学术科技活动在学生综合素质培养中的重要性，让学生明白参加此类活动的意义，通过宣传课外学术科技活动的保障机制与扶持激励政策来增强学生主动参加课外学术科技活动的意识。

2. 依托学科竞赛培养大学生的创新能力

（1）通过多种形式宣传学科竞赛，激发大学生的参与热情

激发学生的自主创新兴趣，营造良好的科技竞赛氛围，在很大程度上有利于学生创新能力的培养。提高学生的学科竞赛参与度是培养学生自主创新实践能力的必要条件。如果学生对学科竞赛的了解不足，就会在很大程度上影响学生的参与度。

因此，高校需通过多种途径宣传学科竞赛内容、形式、时间节点等，并向学生介绍参赛模式、组队形式以及培训方案。同时在宣传中展示历届学生的优秀作品，邀请优秀科技创新标兵进行经验分享，激发学生的参与热情。同时，在宣传学科竞赛的过程中，还可将学科竞赛成绩列为评优条件之一，按照学生的参与情况以及获奖情况进行加分。

（2）通过双选方式组建参赛队伍，激发大学生的组队热情

过去，高校常常将学科竞赛视为临时性的任务，导致出现学生和教师对如何参与赛事感到困惑、选拔出的学生可能不适合参赛、赛事准备时间不充分、提交的作品质量不高等问题。这些问题严重影响了提高学生自主创新能力的目标。因此，针对不同的赛事制订不同的组队流程，帮助指导教师和学生更好地了解赛事概况，提前做好赛事安排，具有非常重要的意义。

学生有权自主确定科研课题，自主挑选指导教师，并通过师生互选的方式完成组队。另外，指导教师若有意愿组织学生参加赛事，也可提供研究方向供学生自由组队。学生可以根据个人兴趣选择研究方向，经过师生互选完成组队。相较于传统的组队形式，上述两种组队方式更显灵活，更能锻炼学生的独立思考能力。此外，允许学生自行挑选团队成员，也能大幅提升团队成员之间的默契程度。

总之，两种方式均有利于培养学生的创新精神与合作能力，激发学生的学习热情。学生在指导教师的引导下参与学科竞赛，可以锻炼其学习能力、创新能力和实践动手能力。

（3）通过线上学习资源激发大学生的创新意识

传统的学科竞赛辅导模式通常由教师提供线下指导，学生仅能于课间向教师请教问题。这种模式在遇到问题时不能及时解决，严重影响了实验进程，这是学生在参与学科竞赛过程中的一个重要难题。为此，教师可以利用已有的慕课和自制的课程实验视频、往届竞赛视频与申报材料等资源，建立线上资源库，同时，

充分利用各种教学平台和软件，为学生提供多元化的学习资源。此外，设置"师生讨论区"可以方便学生提出问题，教师应在看到学生提出的问题后及时进行解答。

（4）通过培育优秀创新团队培养大学生的终身创新意识

在过去的学科竞赛中，竞赛团队经常会出现分工不明确、队伍组建与职能管理欠缺等问题。只有小组核心成员在竞赛过程中得到各项能力的锻炼与提升，其他成员的能力成长极其有限，未达到团队合作的目的。参赛作品质量欠佳。因此，培育一个优秀的竞赛创新团队，以达到通过赛事获得自主创新的能力是自主创新能力培养模式研究的重点。

创新团队要注重内涵建设，使团队具有生命力、凝聚力和创造力。首先，创新团队要有核心，即要有核心队员作为创新团队的负责人，负责团队的工作安排，进行流程管理，引领队员。其次，创新团队成员要有分工，让每个队员都有任务，发挥各自优势，互相协作。最后，创新团队要有传承，以老队员为核心，不断补充发展新人，以老带新，充分发挥"传帮带"的作用，形成若干支有战斗力和凝聚力的队伍。一个有核心、有分工、有传承的创新团队对培养大学生动手实践能力、团结协作能力以及创新能力是至关重要的。

（六）推进大学生创新能力培养教育改革

高校要想发挥在大学生创新能力培养中的主力军作用，就需要积极地进行教育改革，对大学生开展创新教育。创新教育是指培养具有创新意识、创新能力以及创新人格的优秀人才的教育。创新教育是在贯彻落实我国当前的教育方针实践中提出的新观念。如果没有创新教育，也就没办法推进素质教育的全面发展。对教育的改革主要包括对教育观念、课程体系等方面的改革。

1. 改进教育观念并增强大学生的创新意识

当前我国正处在社会转型时期，教育也是如此，它正处在传统型向现代型转型阶段，我国当前的教育观念既有传统的也有现代的，既有西方的也有本民族的，各种教育观念不断发生融合与冲突。面对这一复杂情况，在教育改革过程中，高校需要更新与改进教育观念，需要发扬符合时代发展的教育观念，克服落后、保守的教育观念。教育观念的与时俱进最为重要的是坚持以人为本，改变不适应时代发展的教育价值观、人才观。

2. 改革课程体系并激发大学生的创新兴趣

（1）加强对大学生创新思维的培养

随着当前科学技术的迅猛发展，想要通过几年的校园教学让大学生掌握所有的知识是不可能的。要想丰富大学生自身的知识结构体系，高校还需要加强学校的现代化建设，如多媒体教室、实验室、电子图书馆等，使大学生在有限的校园学习中可以通过这些媒介获得更多的信息，掌握更多的科学文化知识，为大学生创新思维的发展打好坚实的知识基础。

（2）教师要重视实践教学

实践是培养大学生创新意识与能力的重要手段。自古至今，无论是在自然科学还是社会科学领域的重大发现都是从实践活动中总结出来的。可以说，一旦脱离实践，就很难获得创造性的成功。随着当今社会科学技术的迅猛发展，想要做到创新并领先于世界，就更离不开实践。

教学活动中的实践是对大学生进行创新能力培养的重要措施。然而，要注意，实践教学并不能简单理解为对教学场所的改变，教学过程同样可以具有实践性。课堂的理论教学需要联系实际，将学习与实践相结合。创新活动开始于问题的提出，但是这些问题大多来源于人类实践。只有在实践中才可以激发大学生的学习与创新欲望，同时也才可以将所学的知识运用于实践，更好地理解与运用知识。因此，要正确处理理论学习与实践活动两者的关系，坚持理论联系实际，在实践活动中运用、理解并学习理论知识。

（七）强化校企联合，提供优质知识资源

校企联合是促进高校和企业实现优势互补和互利共赢的有效机制，对于大学生创新能力的培养具有积极作用。在知识共享机制下，企业可以通过分享自身的知识技术资源，帮助高校培养创新型人才，并在人才引进方面获得高校的优先支持。为了实现这一目标，企业需要与高校就校企联合机制的改革达成一致，改变过去仅注重创新实践的合作方式，将知识共享作为校企联合的重要途径。同时，企业可以与高校共同创建以知识共享为主题的合作模式，为创新型人才的培养提供良好的环境基础。

知识共享是一个"融合、动态、持续"的过程，企业要协同高校从三个方向实施以知识共享推动大学生创新能力提升的模式：一是在企业内构建知识技术共享平台，以"订单式"的校企合作方式，向大学生开放企业的信息资源数据库，使其可以学习到最前沿的知识和最先进的技术，以此提升大学生的创新能力；二

是以"企业入校"的方式，将企业经过实践检验的知识技术资源带到高校，通过协同高校实施教育教学的改革和创新，有效提升大学生的创新能力；[①]三是企业与高校以知识共享为主题共建协同创新学院，落实产教协同理念，以优势互补为原则，推动企业知识技术资源与高校信息资源的深度融合，实现知识共享的真正落地，使其在大学生创新能力的提升中切实发挥核心推动作用，全面推动创新型人才的有效培育。

（八）积极促进大学生创新成果的转化

创新成果是创新能力的物质表现，是高校创新能力培养效果的最终呈现。高校对创新能力的培养的最终目的是转化为能够促进国家发展、高校发展的创新成果。因此，完善成果转化的保障机制、保障创新经费的持续支持和制订规范合理的创新成果评价机制对创新成果的转化有重要意义。

1. 完善成果转化的保障机制

在重视人才的背景下，创新成果和知识产权的保护尤为重要。要更好地激发学生的创新热情，维护创新成果的权益，就必须有一定的保障机制和激励手段。

首先，高校要指导学生树立创新成果保护意识，采取恰当的保护措施。学校应通过开设公共课、讲座等形式，加强著作权法、专利法等相关法律的宣传教育和普及，让学生充分认识到创新成果保护的重要性，增强产权保护意识。

其次，高校要建立创新成果保护机制。教育部第3号令《高等学校知识产权保护管理规定》中指出要完善高等学校的知识产权保护，各高校应根据实际情况组织开展本校知识产权的鉴定、评估和管理等工作。高校应当建立创新成果信息管理部门，对学生和教师创新成果及时登记，进行跟踪归档。

最后，高校要完善创新成果考核、激励机制。高校在对学生和教师进行考核时要加大知识产权在整个评估指标体系中的比重，要在学生升学、评优环节纳入创新成果的比重，在教师的业绩考核、职称评定中纳入知识产权的考核。高校主管部门在开展高校教学评估时，也应适当提高创新成果所占的比重。

2. 保障创新经费的持续支持

创新能力的培养需要技术和资金支持，高校要加快创新成果转化，必须有足够的经费支持。在国家层面，为提高高等学校科技队伍的创新能力和竞争实

---

① 朱书卉，眭国荣，王琪.新工科视域下大学生创新能力提升体系研究［J］.中国成人教育，2022（8）：45-48.

力，进一步推动研究型、创新型大学的建设，教育部在 2004 年《创新团队支持办法》中提到教育部加大创新团队资助力度，下拨专属科研经费用于创新研究工作，并要求高等学校了解、掌握创新团队的工作状态，协助创新团队解决科研问题。

国家对创新、科研活动的政策、资金支持，促使高校要结合自身特点加大创新经费的保障力度。一方面，高校要积极争取国家政策的支持，争取创新资金的投资。高校要有发展的眼光和前沿思想，及时了解国家发展需要的人才，面对国家和社会的需要培养专业性人才和科研团队。另一方面，高校要根据自身发展情况，加大对创新成果的支持力度。高校应定期对科研团队的创新进度进行考核审查，对有成效的科研活动加大支持力度和资金投入，及时更换老旧、损坏的设备，为创新活动的进行提供资源保障。

3. 制订规范合理的创新成果评价机制

创新成果是创新能力培养的最终体现，是判断创新能力高低的重要影响因素。因此，必须制订规范合理的创新成果评价机制。对于创新成果评价机制的制订要有可量化的标准和评价等级，同时要充分考虑到创新成果的转化具有时间久、难度大等特点。

创新成果评价机制的制订首先要有统一标准，做到评价可量化。评价机制的制订要根据成果类别不同制订不同的验收、考核标准，可分为应用类、技术类等种类，要充分考虑不同创新成果类型的特点，制订不同的量化标准，切忌"一刀切"。同时，要组建和成立专业的创新成果验收、评价小组，由不同专家从不同角度对创新成果打分，做到评价过程公平、公正、合理。此外，考虑到创新成果转化的难度，可采取分阶段、注重过程的评价机制。有些创新成果的转化需要五年、十年甚至更久的时间，对于这一类创新成果的评价，要分阶段进行，将创新成果过程记录情况纳入评价体系中，从而做到综合评价，具体问题具体分析，切忌使用固化标准影响创新成果转化。

（九）提供充足的大学生创新能力培养资金

1. 设立大学生创新能力培养专项基金

为在校大学生进行自由学术探索、开展创新研究和实践研究设立专项基金，重点资助学术思想新颖、目标明确、具有创新性和探索性、研究方案可行的创新研究项目与实践研究项目。专项基金的设立，可以鼓励大学生选择创新性强及富有挑战性的基础研究课题与应用研究课题,进一步提高了大学生的科研创新意识、创新思维和创新能力。

2. 设立大学生优秀科研成果奖励基金

为进一步增强大学生的创新意识,调动大学生从事科研活动的积极性,要积极推出大学生优秀科研成果奖励办法,以此鼓励大学生积极承担和参与国家级和省部级重大科研项目的研究,更多地在权威期刊上发表学术论文。

(十)提高大学生创新能力培养的课程资源质量

1. 开设"大学生精品课程"

高校可以对大学生(不含专业学位)开设的基础课和专业课,设立大学生精品课程建设专项经费,按照择优资助的原则进行立项建设,加快改革大学生课程教学的内容、方法和手段,完善和优化大学生的课程体系,从而更好地发挥课程教学对大学生知识结构、创新思维等方面的提升作用。

2. 设立"大学生精品教材"

高校设立大学生教材建设基金,鼓励教师多出教材、出好教材,同时也进一步改革了教学内容与教学方法。

3. 实施"名师工程"

高校要充分利用学校的师资资源,组建公共选修课程教学小组,鼓励教师积极开设公共选修课,特别是鼓励教学名师为大学生提供更高质量、更充足的选修课程,从而提高大学生的创新能力。

4. 推进"国际化课程"

随着我国高校的办学规模不断扩大、层次不断提升,学校可以同国外多所高校与教育机构开展合作,同时也可以邀请国外知名学者来校进行专题讲座,以促进高校教学的开放性与国际化,拓宽大学生的知识来源渠道与国际交流途径,为大学生发现创新点、实现创新成果提供有利条件。

(十一)科研与实践结合调动大学生参与创新的积极性

1. 推进"大学生学术精品工程"

为鼓励大学生加大对学术与科学研究的热情与投入,高校可以制订相关的政策与激励措施,对大学生的优秀科研成果进行科研计分和物质奖励,编印大学生优秀论文集，同时积极组织大学生参加全国、省级挑战杯课外科技作品竞赛、建模赛等重要赛事。

2. 实施"大学生素质拓展工程"

为培养"一专多能"的复合型、创新型人才，加强大学生教育的竞争优势，高校可以在大学生培养方案中加入第二课堂活动，调动大学生参加校园文化活动的积极性，充分发挥社团组织的引导作用；同时以促进就业为导向，以专业技能的培养和锻炼为核心，延伸课堂学习，搭建实践平台，提高大学生的专业实践能力和社会适应能力。

（十二）加大学校对大学生创新能力开发的支持力度

1. 建立"大学生创新中心"

创新中心是为大学生免费开放的关于开展创新活动的平台和场所，包括各种校内外的大学生培养基地。高校可以促进大学生的自主创新研究以及多学科的交叉和联合培养，鼓励各学院充分发挥和利用学科等优势条件，建设一批开放程度较高的培养基地和创新实验室。

同时，高校也应积极鼓励各学院与科研院所、企事业单位共同建设大学生创新中心，以加强创新中心建设。

2. 制订"大学生访学制度"

高校可以每年遴选并资助一定数量的大学生到国内重点高校以及国外高校访学，学习和借鉴国内外先进的教育理念和培养经验，推动学术交流和优质教育资源共享，从而提高大学生的培养质量。

3. 制订和完善各种奖励政策

高校可以通过设立"优秀论文培育计划与优秀学位论文奖励基金"、制订"优秀科研成果奖励"等办法，激励大学生发表学术论文、做出有创新价值的学位论文，通过提升大学生的自主创新能力，在学术、科研等方面取得更多的创新成果。

在创新人才培养理念的指导下，高校可以通过一系列的政策推行与方案改革，使大学生人才培养观念得到转变，已初步构建出包括特色化的课程设置、明确的导师责任以及高效化的学生管理等具有自身院校特色的大学生创新培养模式，在提升大学生创新能力与大学生培养质量上取得了较为显著的效果。

第二节　促进大学生自我创新

大学生创新能力的开发是一个系统工程，它不仅是一种训练和培养，更是作为行为主体的大学生个体自身的一种内在意识、需要和体验，即大学生创新能力的自我开发。

一、增强自身的创新动机

（一）提高对创新的认知水平

从广义上讲，创新是指个人的思维或行为相对于自身以往的表现具有突破性或新颖性。这种创新是相对的，因为它只是与个人的历史表现进行了比较。从狭义上讲，创新是指个人的思维或行为相对于社会现有状况具有突破性或新颖性。这种创新是绝对的，因为它与社会现有状况进行了比较。

（二）培养自己广泛的兴趣爱好

兴趣是建立在深入理解事物的基础上的，需要具备一定的鉴赏能力和认知水平。因此，大学生应该注重日常生活中的自我培养，通过多方面的爱好和活动来丰富自己的生活空间。通过博览群书，大学生可以扩展自己的知识面，为发散性思维的培养打下基础。此外，对于充满活力的年轻人来说，培养自己对新生事物的敏锐度也是非常重要的。

（三）激发自身的成功动机

通过设置具有挑战性的任务来激发成功动机是一种非常有效的方法。大学生应该利用自己的成功心理，勇敢地接受新事物，如参加课外竞赛，将这类任务视为考验自己的机会。人们在具有挑战性的任务的激励下，注意力会高度集中，也会积极主动地去探究和思考。因此，大学生应该勇于接受挑战，在挑战中成长并取得成功。

（四）保持自身健康的心态

要培养自己的创新能力，大学生需要学会控制并克服急躁焦虑的情绪，保持愉快平和的心态。在创新过程中，大部分人都可能会遭遇挫折，这时常会出现一些情绪反应，如急于求成、缺乏冷静、因受挫而丧失兴趣等。大学生应从理性的角度认识到，在积极追求成功创新的过程中，障碍和挫折是不可避免的。只要能克服这些不良情绪，努力在逆境中前行，对挫折进行合理的内部和外部归因，冷静地总结经验教训，将挫折转化为走向成功的经验，这样就能够增强后续创新活动的动力。

二、夯实自身的知识储备

大学生需要将知识共享作为提升自身创新能力的重要途径，自觉完善自身的知识储备体系，为创新创业实践奠定坚实的基础。

（一）思想层面

大学生应及时转变创新观念。传统的大学生创新创业体系片面追求实践活动的开展，忽视了知识理论和市场信息对大学生创新能力提升的基础支撑作用，导致大学生开展创新创业的内在动能不足。对此，大学生需要明确知识理论和市场信息的基础作用，依托知识共享机制充分学习、吸收并内化各类优质知识资源，围绕自身的创新需求夯实知识储备，将知识信息资源作为解决创新创业问题和提升创新实效性的有力抓手。

（二）行为层面

大学生要积极配合学校和教师的指导，积极参与各类以知识共享为主题的校园活动和社会实践，主动深入对接企业完成顶岗实习和实训任务，在实践中依托知识共享机制构建多元化知识储备体系，并将所学习的知识理论与创新创业紧密结合，不断释放自身的创新动能。同时，针对新媒体传播场域多元化和复杂性的特征，大学生要强化自身的信息辨别能力和自控能力，以"取其精华，去其糟粕"为原则，选择、学习并吸收符合自身创新需求的知识和信息，自觉批判新媒体空间的不良思想和错误信息，以提升自身知识储备体系的科学性和客观性，为塑造创新思维和提升创新能力奠定坚实的基础。

三、完善自我的教育方法

在此主要从提高自我认识、坚持自我反思、克服心理阻力、善于提出问题四个方面完成自我教育的过程。

（一）提高自我认识

列宁曾指出，认识活动是人"'自己构成自己的道路'=真正认识的、不断认识的、从不知到知的运动的道路"。① 自我教育的前提是个人必须对自己的创新创业素质有一个正确、全面和清醒的认识。"认识自己,首先就是认识自己的内在可能性,这是建立'生活计划'的基础。"②

自我认识是一种深入的比较认识、系统认识和发展认识,其核心目的是推动自我教育,并最终实现自我超越。这一过程不仅包括对自己内心世界和外部世界的理解,也涵盖了对自身与他人关系以及自身社会角色的认知,并进一步明确了自己应当在社会发展中发挥何种作用。

1. 通过人的"主体性"认识自我

主体性是人们在社会实践活动中所具有的主观能动性。作为自我教育的主体,大学生的自我认识越来越具有主体性,大学生的"主体性"表现在借助于对自身的认识把自己的前途和社会的需要联系起来,充分发挥自己的主体能动性,这也符合"正常状态是和他的意识相适应的而且要由他自己创造出来的"③。当大学生的生存需要还没有得到满足的时候,大学生主要考虑维持自己的生命存在,而在大学生的生存需要基本得到满足之后,大学生考虑的是"如何做才有价值"。

目前,中国特色社会主义进入了新时代,这就要求"创造性"更应成为大学生的"主体性",要求大学生巩固和发展自己在自我教育中的"创造性",确保自己作为主体的本质力量。

2. 通过"现实的人"认识自我

人的现实属性源于其本质,即"一切社会关系的总和"。大学生是有情感和需求的具体个体。之所以被称为"现实的人",是因为大学生拥有物质和精神上的需求。为了满足这些需求,大学生需要与社会中的其他人和事物建立一定的关系,参与社会实践活动。在这些活动中,大学生受到社会文化、价值观念和他人的影响。通过这些影响,大学生不仅能够洞察他人的内心世界,也能够从这面"镜子"中审视自己。

现实的人也是发展的人,大学生不是处在真空中的人,是处在一定历史条件发展过程中的人。随着社会的发展,大学生也在不断发展。在再生产的行为本身

---

① 中共中央马克思恩格斯列宁斯大林著作编译局.列宁全集:第55卷[M].北京:人民出版社,1990.
② 伊·谢·科恩.自我论[M].佟景韩,范国思,许宏治,译.北京:生活·读书·新知三联书店,1986.
③ 中共中央马克思恩格斯列宁斯大林著作编译局.马克思恩格斯全集:第20卷[M].北京:人民出版社,1971.

中，不仅客观条件改变了，生产者也改变了。由此可见，大学生不仅与社会发生着关系，而且随着社会的发展，自己也在不断发展变化。这就要求大学生与时俱进，根据社会的需要把对创新创业教育的认知落实到言行上，做到知行统一，培养自身良好的自我认识。

3. 通过人的"角色"认识自我

角色是个体社会地位的外在表现，与社会对其期望密切相关。大学生作为社会的一员，与社会联系是多方面的，其扮演的角色也是多种多样的，正处于人生关键阶段的大学生扮演的主要"角色"就是"大学生"，大学生在这个阶段不仅会出现角色差距，而且常常会发生角色冲突。

同时，大学生随着角色的变化，其自我意识发展也进入了"现实自我"和"理想自我"的分化阶段，"现实自我"主要体现在大学生认为自己已具有的身心发展水平或特点，"理想自我"主要体现在大学生希望达到的身心发展水平或特点，也是大学生进行自我教育的最终目标。由于"现实自我"与"理想自我"之间存在差距，大学生开始思索，在"我是谁""我将成为谁"的追问中，逐步对自我进行分析、监督、调节，向"理想自我"迈进。

（二）坚持自我反思

自我反思是自我教育的基本要素，它与自我概念紧密相连。在自我教育过程中，大学生通过不断学习、追问更好的理由和合理根据来进行自我反思。这种反思与自我认识之间的张力构成了大学生不断自我教育的内在动力。通过反思，大学生可以审视自己的行为和决策，理解自己的价值观和目标，从而调整自己的行为和态度，以达到自我实现和自我成长的目的。

1. 自我价值反思

在自我认识和自我教育的过程中，个体并非将自我封闭起来，而是需要不断与外界进行能量交换。在这一过程中，个体的价值观对自我教育起着规范和影响的作用。然而，个体的价值观并不是自发形成的，它最初只是一种自发的价值意识。经过反复的自我追问和多次蜕变，个体逐渐走向完善，价值意识才可以从自我到自觉，从零散到系统，经过长期的积累形成成熟的观念结构或模式。最终，这些价值观为自我教育提供方向支持，帮助个体形成自己的价值观。

需要注意的是，个体的价值观需要与自我教育同步成长，尤其是对于大学生而言，只有在接受创新创业教育和自我教育过程中经过理性反思自己的价值观，明白自己到底需要什么样的价值取向，最终使自己需要的价值在不断地进行自我价值反思的过程中得以确认，才可以形成新的价值观。而一旦形成新的价值观，就成为自我教育的重要依据，大学生会据此审视自己，重新选择自己的行为方式，规划自己的成长过程。

2. 检查错误、总结经验

反思就是"返思"，就是回过头来思考，它不仅是"检查错误"，还包括了"总结经验"。通过反思获得认同，而这种认同影响着自我。自我反思是知识和经验相互作用的过程，在这个过程中，大学生需要对已经掌握的创新创业素质进行加工。按照终身教育的理念，创新创业素质的形成是一个终身学习的过程，是一个不断对过去学习实践进行反思和经验积累的循环过程，永远没有尽头。

美国心理学家波斯纳（Posner）认为"没有反思的经验是狭隘的经验"，他还曾经提出过一个人的成长公式：经验+反思=成长。按照他的意思，大学生个体把生活学习经验与反思结合起来，能够根据自己的需要、特点进行有效的自我反思已成为新时代大学生不可缺少的重要条件，"专业人员必须培养从经验中学习和对自己的实践加以思考的能力"[1]，通过反思帮助大学生获得创新创业素质的发展。

（三）克服心理阻力

要进行创新活动，一个人的创新心理品质至关重要。具有活跃的思维和敢于标新立异的品质的人，往往能够进行创新活动并取得成就。伟大的科学家爱因斯坦之所以能够取得巨大的成就，正是因为他敢于质疑现有的理论和权威，不盲目从众，不受条条框框的束缚。他自称是"最彻底的怀疑主义者"，这表明他对于传统的、绝对时空观的"同时性概念"产生了怀疑，并因此有了"狭义相对论"的成果。因此，要克服不敢变通的思维习惯，不断地拓展自己的思路，这样才能够在创新之路上取得成功。

（四）善于提出问题

具备创新能力的一个重要素质是善于提出问题。为了开创工作的新局面，必须不断拓宽视野并积极探索，努力发现问题、提出问题，并创造性地找到解决方案。爱因斯坦曾经说过，提出一个问题往往比解决一个问题更重要。这句话虽然主要针对科学研究，但对每个人的工作同样具有重要意义。

---

[1] 刘捷.专业化：挑战21世纪的教师［M］.北京：教育科学出版社，2002.

四、促进自我的能力开发

首先，应让大学生树立创新能力开发的自我意识。具体而言，广大大学生应正确认识到"人才资源是第一资源"，在当今社会，科技创新和人才创新是竞争的关键。大学生有能力和责任为社会进步和人类发展贡献自己的力量。应该积极发挥大学生创新能力自我开发的主观能动性，激发他们的热情，调动他们的动力，让他们真正自愿、自发地参与创新活动，发掘创新潜能。大学生应努力培养创新思维，敢于突破固有的限制，在社会发展的有序与无序、必然与偶然中进行自我扩张和自我协调。同时，大学生还应努力塑造和谐完美的精神个性和积极向上的健康心态，确保自我心理安全。

其次，要利用需求和动机的紧密联系，激发大学生追求目标的动力和实际行动，即自我调节。让他们充分认识到个人发展需要与社会整体发展保持一致，要不断进取、不断创新，而不能只让他们感受到压力。同时，他们需要对自己的创新能力进行全面规划和发展，在长期的循序渐进过程中，自我开发的重要性得到充分体现。

最后，大学生创新能力的自我开发需要落实到日常的学习生活和具体工作中来，即要让大学生参与创新实践，加强自我体验。大学生参加社会实践活动是高校教育的一种特殊教育形式，在全面推进创新素质教育、促进大学生健康成长方面，具有其他教育不可替代的作用。

多年的实践表明，社会实践活动是当代大学生运用知识、施展才华、磨炼意志、实践成才的大课堂；是大学生传播现代文明，弘扬科学精神的重要途径；是一项顺应时代发展潮流，符合大学生成长成才需要，深受人民群众和青年学生欢迎的品牌教育服务活动；更是大学生在实践中把爱国热情和成才愿望转化为建设社会主义现代化强国实际行动的现实平台。积极参与社会实践活动有利于大学生培养无私奉献、积极进取、奋发向上的高尚情操；有利于大学生开阔视野，活跃思维方式；有利于磨炼大学生的意志品质，培养艰苦奋斗、吃苦耐劳的作风，增强战胜困难的信心和勇气；有利于大学生组织性、纪律性的提高和身体素质的增强；更有利于培养大学生的创新能力。

社会实践是大学生在改革开放中走向社会的一个很重要的锻炼环节，也是教育与实践相结合的具体体现。当今社会的竞争是人才素质的竞争，随着人才被推向市场，学生的自我优越感将逐渐消失，发展方向更加扑朔迷离。因此，要适应时代的要求，不仅要具备丰富的专业知识和高超的业务水平，更必须具备一定的综合素质。

对德智体本身而言,大学生参加社会实践活动在一定程度上可以说是课堂教育的延续。积极参与社会实践是高校思想政治教育的一条重要途径,有助于大学生按照现代社会的需求健康成长。倘若大学生要成为现代化建设的有用人才,就不能闭门读书,而必须敞开大门,走向社会,与工农相结合,积极投身到改革的洪流中去。然而,目前一部分大学生在追求实现自我的同时,通常会忽视和拒绝为社会做出贡献,在一定程度上削弱了大学生的社会责任意识。社会实践可以萌生责任意识,只有投身到实践中去,才能激发强烈的社会责任感,进而为社会做出贡献。

社会实践是教育教学内容的一个重要组成部分,它能够帮助学生巩固所学知识、吸收新知识、发展智能,同时不受教学大纲的限制。在这个课堂中,大学生可以自由发挥自己的才能,充分利用在校期间的学习优势,通过社会实践磨炼自己,提高自己的适应能力。

很多高校多年来一直坚持开展多种形式的实践活动,在实践中注重提高大学生各方面的素质,培养了一大批多面手和全方位人才,使大学生学到了书本上学不到的知识,掌握了在学校中学不到的技术,同时也缩短了理论与实践的距离。为了适应市场经济的发展需要,也为了促进大学生尽快成长,高校应给学生多创造施展技能和才华的条件和环境,必须切切实实地把实践活动纳入教学中去。

第三节 加强大学生创新能力开发

一、大学生自我创新能力的开发策略

(一)提升大学生创新自我效能感

创新自我效能感作为大学生对于自身能否取得创新成果的自信程度,也决定着他们的创新意愿,而创新自我效能感的提升对于大学生自我创新能力的开发具有重要意义。大学生个体要建立起学习自信的底层逻辑,树立自己可以应对创新过程中遇到的困难和挑战的信心,灵活运用所学的知识,提出新颖合理的观点,这些都有助于提升个体的创新自我效能感。在创新成果的产生与实施过程中,个体会不可避免地遇到困难和问题,如果想要使问题得到顺利解决,那么就需要大学生打好理论基础,形成系统的知识储备,更要求大学生不断培养和提升创新的

信念感，积极克服畏难情绪。由学校创造的、可以被学生感受到的、具有创造力的气氛，能够增强个体的胜任感和自信心，还可以使他们在遇到问题之后，更自信地去面对并解决问题。换言之，在对大学生的创新自我效能感产生影响之后，良好的校园创新气氛能够提高他们的心理认知水平，从而增强他们的自信，对未知的探索显示出更强的内驱力和胜任感。因此，在实践过程中，大学生的创新自我效能感应受到更广泛的关注，下面主要从学校、教师和个人层面提出建议。

在学校层面，应通过组织实施创新比赛，培育创新文化，给予大学生奖励以代表对其能力的认可，使大学生更加勇于表现自己，提高大学生的学习积极性和课堂活跃度，从而推动大学生创新成果的产出以及创新能力的提高。

在教师层面，教师作为现实生活中身边的榜样，应当鼓励大学生大胆表达自己的想法，这是提升其创新自我效能感的常用路径。教师还需根据大学生的特点进行分类教学，通过分析得知大学生的发展阶段。由于部分大学生在学习过程中存在着低创新自我效能感，所以在学习过程中，应将大学生的学习任务进行合理的划分，并对大学生的创新自我效能感进行循序渐进的培养。除教师指导以外，来自同学之间的相互支持和鼓励，都会对大学生是否有信心取得创新成果的心理产生直接影响。因此，教师作为班级的核心要素之一，应当发挥所扮演角色的作用，打造浓郁的班级创新氛围，及时给予学生鼓励与支持，引导班级共谋创新发展。

在个人层面，成功的经验是导致创新自我效能感提升的直接原因。大学生要抓住更多机会，积极参与创新讲座和论坛等活动，通过经验的获取提升自身的创新自我效能感。在学习过程中应积极探索适合自身发展的路径，遇到困难可以向专业教师寻求帮助，或向心理教师寻求调节情绪的方法，并对遇到的困难和失败进行正确归因，积极强化自我，逐步提升自身创新自我效能感，更好地完成学习任务和提升自身能力。

（二）结合创客教育推动大学生创新能力提升

随着 3D 打印、人工智能等新技术的出现，科技应用的门槛降低，创客运动在世界范围内掀起了一股新的热潮。创客运动的普及引发了教育者的思考，于是将创客运动引入高校的创客教育理念也随之产生。创客教育是一种以多学科知识为基础，以学生为主体，运用多种学科知识开展技能创新的教学活动。注重培养学生的个人兴趣和创造力，把创造性思考具体化和技术化，是当代教育的重要理念之一，也是信息化教育的基本要求。在高等教育领域，创客教育被视为是一种全新的教育理念和教学方式。

1. 激发创新动机，培养探究兴趣

创新动机是促使创新能力由潜在状态转化为现实状态的驱动力，能够促进自身创新潜能的激发。创新动机是个体在创客课程中进行创新活动的动力系统，可以引发和推动创新活动的形成，使创新活动更稳定和更持久。因此，大学生个人要注意对自身创新动机的激发。大学生自身要树立科学的创新教育理念，在创客课程学习中自觉地、有意识地支配自己进行创新活动。可以通过以下几方面来激发个人的创新动机。

一是对周围的事情充满好奇，将生活经验与创新活动相联系，从实际生活中发现创新点。例如，有的大学生从国家倡导垃圾分类的角度出发，提出语音垃圾分类的创意并创作出作品。

二是培养自身对于创客教育课程的兴趣，使自身积极地投入创客课程学习中，在学习过程中不断积累和更新知识技能，使先前知识与新知识产生联系。随着能力的提升，兴趣也会增加，随之创新能力得到提升，从而形成一种良性的循环，为创新活动奠定良好的基础。

三是增强自身的责任心，准时参加创客课程并尊重创客同伴和教师，要尽职尽责地完成小组中的任务，与同学进行有效合作。遇到困难不退缩，并以奉献自己的能力、创造出有益于社会和他人的作品为己任。

四是获得成就感，保持创新激情。在创客项目中积极参与讨论，与他人分享经验，主动向他人展现自己的作品并阐述作品设计思路。积极配合教师开展教学评价，通过教师和同学对自身学习情况的反馈来正确评价自身能力，不能只看重最终的项目成果，也要在创客项目中发现自身的优点，肯定自身的能力，保持创新激情。

2. 塑造创新人格，培养良好意志品质

积极的创新人格是开展创新活动的保障，创新活动是复杂的，涉及多种学科知识，在创意实现的过程中会遇到各种困难和挫折，良好的意志品质能够帮助大学生更好地克服挫折。大学生在创新活动中要注重培养自我创新精神和自我创新能力，对事物大胆质疑，勇于探索问题，不怕失败。创意的提出是基于一定的生活经验和生活知识的，应有意识地对生活中的各种现象进行观察和反思，培养创新兴趣，找寻创新点。要敢于质疑，在创新活动中结合已有的资源信息提出疑问，

并积极主动地与同学进行交流和分享。要相信自我,对于创客项目中的问题先独立思考,提出自己的见解,找寻创新性的解决方法。要自信、坚毅,不轻易受到他人的影响,也要接受他人合理的建议,完善个人设计方案。在整个创新活动过程中要具有持之以恒的毅力,完成一个创新性作品需要不断地测试和优化,要正视面临的困难,不轻易放弃,为创意的实现而拼搏进取、坚持到底。

3. 完善知识结构,形成多元化的知识体系

良好的知识结构、坚实的理论基础是大学生进行创新活动的前提。创客教育具有跨学科性,创作出一件创客作品往往需要综合应用多种学科的知识和技能,涉及物理、数学、美术、科学等多个学科,因此,需要大学生具备多元化的知识体系,包括学科基础知识、创客领域的相关知识、方法论知识和创新知识。大学生要学好学科基础知识,学科基础知识是进行创新活动的基础,同时要努力掌握创客课程的相关知识,掌握一些学习方法、记忆方法等。要主动学习知识,并去了解和关注创客教育、科技等前沿动态,帮助增长自身的知识面,开阔个人视野;要加强知识的学习,认真学好每一门课程,同时在参与创新活动时不断地进行探究、实验和检验,在解决问题过程中将知识进行内化和提升,在提升个人知识广度的同时提高知识的深度,加强自身知识多元化的发展,使个人的知识体系结构合理化。

4. 积极参与实践,提升创新技能

创新动机是进行创新的动力系统,创新人格特征是维持创新活动的个人品质保障,知识的学习和积累是创新活动的基础,创新思维让思维更加灵活并充分展现自身的个性,从多个角度去思考问题,这些因素都是为了更好地解决实际问题。学习知识只是获取到了相关的信息,能够运用知识解决问题才是真正学会了知识。

创客教育更注重学生的动手操作能力。大学生在进行学习时,要积极参与到创客项目中,经历创意想法的产生、搭建出作品的基本结构、编写正确的程序、小组成员进行分工与配合、动手操作实现预期的想法与功能这一过程,并对创作作品进行进一步的改进与优化,将相关理论知识和实践相结合,理论知识为实践提供指导,通过实践进一步巩固和更新理论知识,在实践中发现自身的不足,积极进行反思并总结经验,及时更新个人知识体系。

因此,大学生在创新活动中要积极主动参与作品的制作,从中培养自身发现问题、分析问题、设计方案和动手实践的能力,提高自我创新能力。

(三）营造氛围促进创新发展

高校整体的创新氛围是影响大学生创新能力的重要因素。作为高校的管理者，必须将学校的整体创新文化放在第一位。

首先，高校可以通过组织相关活动，如开展创新知识讲座以及以学生为主体的创新创业大赛等活动，培养开发学生敢于质疑、敢于探索的创新精神以及自我创新能力，充分调动其创新的积极性，还可以丰富图书馆和阅览室文献的多样性，采购时做到统筹兼顾，使大学生可以接触到本专业较为前沿的理论，以不断更新知识结构，顺应时代变化。

其次，在持续改善创新能力发展所需要的各种硬件条件的前提下，高校还必须完善创新机制，为高校教师和大学生班级创造一个更加宽松、更加自由的创新环境，为创新松绑，给予大学生更多的自主权，通过在学校内推动不同学院间不同专业的交流和交叉学科的协同发展，打破传统的学科专业边界，在高水平开放中构建创新格局，共享优秀学术成果。

最后，激励措施是否恰当影响着个体行为的发挥，高校应制定合理的奖励政策引导大学生主动参与创新实践活动，并将奖励政策引入游戏活动中去，创新传统教学模式，使大学生轻松愉快地参与新型教学活动，增加大学生的创新性体验，激发其创新意识，培养开发其自我创新能力。

高校创新氛围建设不仅要依靠高校管理者，教师也需要发挥积极作用。教师创造良好的学习环境有利于大学生之间的交流互动，这种互动有助于大学生挖掘新知识，提出新观点，解决新问题。

无论是高校教师或大学生，都应当积极营造一种有利于创新的学习氛围，以学校整体的创新氛围促进个人创新能力的提升。在参与活动的过程中，大学生依据教师提出的愿景目标以及提供的创新支持进行积极探索，主动与他人交流自己的观点，不仅避免了闭关自守导致创新乏力的现象出现，更打造了一流的创新环境，形成了相互合作的关系。每个个体都是创新氛围建设的一分子，促进个体与组织在交流互鉴中实现自我创新能力的发展。创新氛围各维度尤其是远景目标和创新支持对大学生自我创新能力的影响较为显著，即当组织人员想要使大学生自我创新能力获得更佳的提升成效时，管理人员应当以提高创新氛围为基点，把他们的重心聚焦于建立小组愿景和提供创新支持上。

具体来讲，教师作为高等教育的"第一负责人"，应树立目标愿景使得大学生班集体拥有一致的任务导向，从而激发他们的学习自主性和积极性并产生新观点、新思路；同时还需要向集体中的成员学子提供创新支持，包括内部支持即心理支持和外部支持即物质支持，大学生获取物质资源和心理慰藉后更容易进行创新性工作并产生创新性成果。因此，在后期的创新氛围营造中，领导者应该把重心投入对创新的支持上，多多关注远景目标的设定。

二、大学生预测决策能力的开发策略

（一）大学生预测能力的开发策略

大学生预测能力的培养与开发包括以下几方面。

1. 在课堂教学中开发预测能力

在日常教学中，教师应该有意识地通过训练帮助学生提高在处理问题过程中的快速反应与预测能力。为了开发学生的预测能力，在平时的课堂教学中，教师应该善于引导大学生自主提取材料内容，快速且有目的地运用已经储存于大脑中的先决条件知识或图式，通过不断地筛选、比较和加工去分析、预测和推断所给材料内容，进而帮助学生形成预测的习惯和意识。经过多个环节的训练之后，大学生对如何进行有效预测有了大致的把握，对学习过程中出现的新问题、新情况的研究与预测做到心中有数，大学生的预测能力会大幅提升。

2. 借助课后练习，巩固预测能力

课后练习是日常教学的重要组成部分，能帮助大学生巩固课堂上所习得的预测能力。因此，在教学中，教师同样需要关注课后练习，并利用好课后练习巩固大学生的预测能力。在做课后练习时，大学生可能无法一下子找到解决问题的方法。在这种情形下，教师不妨把习题要素分解，使解决问题的过程可视化，这样逐步推进，大学生的预测能力定会得到提升。

3. 学会对科学预测进行反思

在教学中，有些教师习惯有意无意避开证伪的教学环节，担心大学生无目的预测，这样不仅不利于培养大学生的探究能力，甚至可能会误导大学生使其形成不正确的科学概念。

因此，在探究性学习中，教师要树立正确的科学教学观，在大学生预测的结果与科学探究的结论存在很大偏差的时候，引导大学生进行分析，找出原因，培养其严谨的科学探究精神。只有这样，大学生学习的收获才会比提出一个预测或解决一些问题多得多。

（二）大学生决策能力的开发策略

大学生决策能力的开发包括以下几方面。

1. 明确知识与决策能力的转化关系

要将知识学习转化为决策能力的开发，就需在教学设计时梳理和分析科学知识，创设合理的决策情境，营造决策氛围，进而从决策情境中凝练相应的决策事件。在教学过程中，教师应以决策情境和决策事件为中间体，引导大学生感知决策情境，激发大学生主动参与解决决策事件的兴趣，大学生依据科学知识对决策事件做出合理判断，或者在决策事件的解决过程中构建知识，在此过程中提高决策能力，实现知识学习向决策能力开发的转化。

2. 基于决策能力的开发价值进行决策事件的选择

决策事件是开发大学生决策能力的平台和跳板，大学生在解决决策事件的过程中逐步培养、开发和发展自身的决策能力。但是，如果在教学过程中选择的决策事件不当，就必然会影响决策能力开发的速度和效果。如果选择的决策事件与相应知识点关联度低，那么不仅不能开发决策能力，同时会转移大学生的注意力，使学生抓不住课程的核心；如果选择的决策事件大学生关注度低，不仅无法激发大学生参与决策的积极性，同时会让大学生产生决策能力开发意义不大的片面看法。由此可见，只有选择合适决策事件，大学生决策能力的开发才能顺利进行并取得良好的效果。基于决策能力的开发价值选择决策事件时建议遵循以下原则。

第一，决策事件要与教学内容的范围相匹配。选择决策事件的前提是了解教学内容的深度和广度。不论是应用知识解决决策事件还是通过解决决策事件建构知识都说明决策事件与教学内容密切相关，因此要根据对教学内容的归纳总结和应用理解选择决策事件，确保决策事件与教学重难点的学习有内在联系。与教学内容联系较少的决策事件，对知识的讲解和决策能力开发意义不大。

第二，要了解大学生的最近发展区，决策事件要符合大学生的认知发展特点。决策事件的选择要符合大学生的认知发展特点，即决策事件尽量为大学生熟悉的事件，这样能激发大学生参与决策的兴趣，并且大学生能根据自身已有的知识和经验对决策事件的解决方案有初步的判断，同时，将解决决策事件所需的科学知识和方法技能落在大学生的"最近发展区"范围内，大学生经过学习、讨论和交流能掌握所需的知识和技能，从而达到培养其决策能力的目的。

第三，决策事件要有适当的被关注度。选择有效决策事件的另一原则就是事件要有适当的被关注度。例如，它可以是人们在日常生活中常见的需要解决的问题和事件，或者由国家政策发布和科学技术发展带来的社会热议性问题。有效决策事件主要是指能对人类生活产生影响、能引起公众关注、利用已学知识可解决的事件。

3. 决策资源的呈现形式针对性和多样化兼顾

根据决策事件，巧妙地选择开发决策资源的呈现形式对有效开展决策能力培养教学有重要意义。决策资源的呈现形式要根据所关联的教学内容的深度和广度以及大学生解决决策事件的方式选择不同的呈现形式，常见的形式有文本、图片和视频等，尽可能地在一个课时的教学中利用不同形式的决策资源，以保持大学生参与决策活动的积极性，进而有效培养开发大学生的决策能力。

三、大学生处理信息能力的开发策略

在教学过程中开发大学生的处理信息能力时，必须尊重且明确处理信息能力的基本特征，优化大学生的处理信息能力，具体包括以下几方面。

（一）训练大学生捕捉有效信息

处理信息能力的开发要使得大学生能够专注课堂听讲，能够清楚认识到所学内容整体，能够发现课堂教学行为中的知识信息，能够明确何为有效信息，并且能够不被无效信息所干扰。

学科素养的培养并不只是局限于课堂之中，在课堂之外的课程资源与课堂学习中同样拥有数量极多的信息。处理信息能力的开发要使得大学生能够在课堂外的课程学习中排除无效信息的干扰，捕捉并获取帮助解决课程中亟待解决的问题的有效知识信息。因此，需要运用语言引导、任务布置等方式，设计目标导向，使大学生有方向、有目的地进行信息的捕捉与获取，这成了大学生处理信息能力开发的关键。

（二）优化设计教学模式，促进大学生处理信息能力的开发

科学探究活动是大学生获取科学知识、提升科学素养的重要途径。处理信息作为学习探究的关键环节，对开展学习探究活动有直接影响，处理信息能力是一个包括多步骤的综合过程。

针对当下大学生处理信息能力的现状，基于5E教学模式，设计了"5E模式"教学设计模型，如图7-1所示。

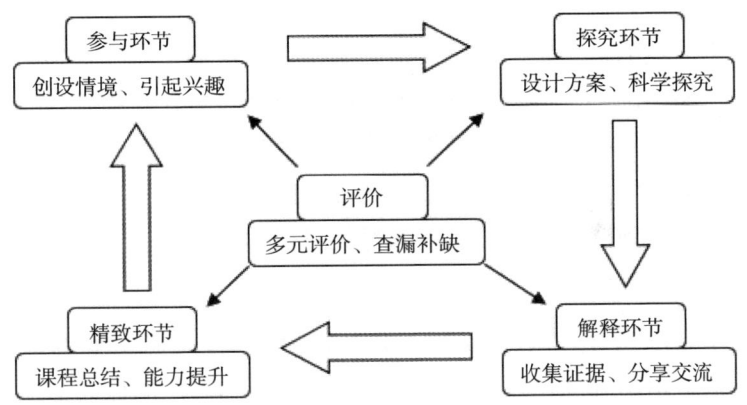

图 7-1　"5E 模式"教学设计模型

"5E 模式"教学设计模型的具体策略包括参与环节（创设情境、引起兴趣）、探究环节（设计方案、科学探究）、解释环节（收集证据、分享交流）、精致环节（课程总结、能力提升）和评价环节（多元评价、查漏补缺）。

1. 参与环节（创设情境、引起兴趣）

参与环节主要是通过创设情境，吸引学生的注意力，引起学生的兴趣，揭示探究主题。参与环节的手段可以分为两大类：引起学生的认知冲突和顺应学生的认知水平，教师在课前需要充分了解学生的前概念，选择合适的手段。教师在设计参与环节时，要创造一些新奇有趣或贴近生活的情境，立刻抓住学生的注意力，带领学生迈入创设的情境中完成下面的探究活动。教师应控制好参与环节的时间，尽量简捷有效，应该分清主次，以科学探究活动为主。在参与环节，教师可以通过刨根问底的方式，设置多个问题连续追问，激发学生的探究欲望，这种方式还可以探查到学生的前概念，方便教师进行针对教学。教师进行实验演示、播放一段视频或图片都是参与环节的有效手段，但要与研究主题相关联，揭示研究主题是参与环节的最终目的。

2. 探究环节（设计方案、科学探究）

探究环节是 5E 教学模式的中心，教师应根据研究主题，组织学生设计探究方案，引导学生开展探究活动。此环节对应获取信息、记录整理信息两个维度。课堂教学时间是有限的，利用有限的时间组织大学生完成有效的探究活动，并对知识深刻理解，有一定操作难度。探究活动的主体是学生，教师不应该喧宾夺主，教师应注意观察学生，随时解决可能出现的问题，这对教师提出了更高的要求，教师在进行教学设计应预设到可能出现的情况，时刻把握好探究活动的主题。教师应根据探究活动的难易程度确定对学生的引导和帮助，在一堂课中可以设置多个探究环节，循序渐进，由易到难，可以由生活中能够真实感受到的物体过渡到看不见摸不着的物体，这可以帮助学生建立起事物之间的联系，为下一环节做好铺垫。探究环节教学活动应该围绕学生展开，教师应提供"支架式"支持，鼓励引导全体学生参与到探究活动中，寻求解决问题的方案。

3. 解释环节（收集证据、分享交流）

解释环节是 5E 教学模式的关键，是新概念生成的环节。解释环节对应分析信息、表述信息两个维度。教师鼓励学生大胆地展示自己的探究结果，交流探究环节取得的收获，教师可以组织多组学生解释探究结果，在倾听其他小组结果的同时，检验自己的结果。当出现不同结果时，甚至可以组织学生进行辩论，在辩论中，形成思维的碰撞，培养开发学生的逻辑思维能力，养成愿意沟通交流、倾听他人意见的习惯。最后教师一定要给出准确的科学概念，可以借用视频、多媒体手段加深学生对新概念的理解。解释环节不仅能够锻炼学生的表达能力，也能够培养开发学生的逻辑思维能力和处理信息能力。

4. 精致环节（课程总结、能力提升）

精致环节是对新概念的迁移运用阶段。教师可以提出一个新的问题、创设一个新的情境，引导学生运用新概念在新的情境中解决新的问题，扩充新概念的外延；或者可以引入实际生活中的问题，帮助学生建立与生活的联系，增强学生参与社会生活的能力。在精致环节中，引导学生在对科学知识的回顾中，进一步发现科学知识与生活的联系，在增强学生对科学知识理解的基础上，拓宽科学文化交往视野，提升科学交往层次，以利于科学教育源于生活、归结于生活，锻炼学生的科学生活能力，促进学生核心素养的养成。

5. 评价环节（多元评价、查缺补漏）

评价环节应贯穿整个教学活动，可采用表现性评价、课堂提问等形式对学生进行评价。此外，除教师评价外，学生的知识和能力发展情况可以通过学生自评或互评进行分析。表现性评价主要检测学生的知识、技能和能力等方面的发展情况。评价不是对学生进行排名，而是检测学生的知识掌握情况，以取得更好的教学效果，有效地进行课堂教学评价能促进教学相长。

四、大学生控制协调能力的开发策略

（一）大学生控制能力的开发策略

总的来讲，培养大学生自我控制能力对于其创新能力发展具有重要意义，在日常教学和生活中应当重视发挥该项能力的作用。

第一，通过施加奖励，开展认知灵活性训练，增强大学生的认知控制能力。奖励可以起到定向、引导、支持的作用，不能忽视奖励在教育领域的应用价值。奖励在教育中的运用应当以教育的根本目的为出发点，以增进学生身心发展为方向。需要明确的是，奖励的积极作用和消极作用并存，在教学过程中应当以精神奖励为主，辅以物质奖励，着重增强学生的内驱力。

奖励的实施要遵循及时性、恒常性和适度性的原则，这样才能维持学生较高的积极性，真正发挥奖励的教学作用。应结合实际情况，根据学生的认知特点和个体差异，灵活运用奖励，提高奖励的教育指向性。研究证明，奖励能够提高认知稳定性。在教育过程中，培养学生的认知灵活性至关重要。认知灵活性（反应性控制）在个体控制能力发展以及环境适应性方面发挥着至关重要的作用。建构主义教学理论认为，认知灵活性是指学生个体通过众多方式创建自己的知识体系，以便在情境发生时能够做出适应性反应的能力。在学习过程中，认知灵活性越差，越不能将学到的知识灵活运用到新情境中，迁移能力越差。在教学过程中，应根据认知的个体差异进行适当的认知灵活性训练，培养转换能力，以此推动认知控制能力的开发。

第二，大学生应明确个人发展规划，树立自我管理观念。学生是学习的主体，任何有益的教育都要经过学生的内化才能成为具体的行为实践。要想提升大学生的自我控制力，就要从学习者自身的角度出发。人是自我发展的决定者，只有树立强烈的自主意识，才能主宰自我的发展，控制自我言行，成为自己的主人。明确的个人发展规划是自我控制的原动力。目标意识可以启发大学生在学习过程中思考自己想要的是什么。选择目标要基于对自身的清晰认识。首先，要了解自己的优缺点、能力水平和总体理想等方面的情况；其次，要明确目标的价值、意义和难度。在结合自身情况和目标性质的基础上对每个阶段该做的事做好合理的安排。许多大学生难以控制自己的情绪和言行，就是因为缺少对未来的理性思考。思想是行动的先导，大学生只有确立明确的个人发展规划，才能对自己的认知和行为进行科学、有效的控制，使自己更快速地投入学习状态，从而提升学习效果。

大学生应改善自我认知，树立自我管理观念。一些大学生在学习时缺乏自我控制力是因为对学习任务产生了畏难情绪，或是过分追求完美。大学阶段有着较为自由的学习环境，这使得许多大学生难以抵挡智能设备的诱惑。针对这一情况，可以寻求他人的帮助，组织一定的学习团队。团队内的小组成员可以相互监督与及时提醒。大学生应养成良好的时间管理习惯。时间管理的设定大到攻读学位期间的整体规划，小到每天具体的时间安排。在确定好大方向的基础上，将每个阶段逐渐细化，明确达到这一目标必须做的具体工作。根据自我控制资源有限理论可知，个体的自我控制资源存在有限性。

因此，大学生应根据学习任务的轻重缓急程度来衡量应付出的时间和精力，并优先完成紧急且重要的任务。大学生在进行专业学习或科研活动时，应将优先级高、创造性强的任务安排在学习状态较好的时间段，并预先计划好完成各个任务所需的时间，以更好地控制自身的学习行为。

（二）大学生协调能力的开发策略

1. 协调整合有利资源，促进跨专业合作

跨专业合作是集体项目教学发展中的一个新跨越，可以将有限的资源进行整合与优化，弥补单一学科知识内容的不足，吸收其他专业的优势，发挥更大的配置效益。

在参加过程中，把不同专业的教师和学生组织到一起共同创编一个集体项目，不仅能培养开发学生的人际交往能力和跨专业合作能力，更能促使学生和教师在合作过程中产生思想上、教学上的碰撞，接触到不同专业的理论和技术，在相互促进、相互学习、相互作用的过程中，达到多角度培养学生协调能力的目的。

2. 以新型网络社交理念引领大学生人际交往

在充分鼓励大学生合理运用社交软件开展正常的信息交流与人际交往的基础上，高校应引导其正确理解虚拟网络人际交往是现实人际交往的合理补充和正常延伸，以新型网络社交理念引领大学生开展健康有序的交往活动，在现实与网络之间找准平衡点，正确认识浅社交、选择性地发展浅关系，以便建立起兼顾数量的高质量社交圈，从而保持一个可维系的社交网络，进而提升大学生群体的人际交往能力和协调能力。

五、大学生应变能力与思维能力的开发策略

（一）大学生应变能力的开发策略

大学生应变能力开发的具体策略如下。

1. 鼓励大学生通过实践提高自身的应变能力

（1）多参加富有挑战性的活动

在实践活动中，一定会遇到各种各样的问题和困难，大学生自己努力去解决问题和克服困难的过程，就是在逐步增强人的应变能力的过程。这个过程并不是一帆风顺的，需要有足够的耐心和毅力。

（2）扩大个人的交往范围

社会上存在很多个范围不一的团体。无论家庭、学校还是小团体，它们都是社会的一个缩影，虽然它们的范围并不是很大，但是，往往会遇到很多需要应变能力才能解决的问题。因此，只有先学会应变各种各样的人，才能一点点扩大，应付各种复杂环境。只有提高自己在很小的范围内的应变能力，才能逐步推广，应付更为复杂的社会问题。事实上，扩大自己的变化范围，也是一个持续实践的过程。

（3）加强自身的修养

应变能力高的人常常能够在复杂的环境中沉着应战，而不是恐慌和莽撞从事。在学习和日常生活中，遇事沉着冷静，学会自我检讨、自我监督、自我鼓励，可以帮助大学生培养良好的应变能力。因此，要注意生活中和学习中的细节，学会利用每一个机会锻炼自己。

（4）注意改变不良的习惯和惰性

假如遇事总是犹豫不决、优柔寡断，就要积极、主动地锻炼自己分析问题的能力，快速做出决策。假如总是墨守成规，半途而废，那就要从小事做起，尽量控制自己，不达目标不罢休。只要有决心，人的应变能力是会不断增强的。要相信人在自身努力下会让不良习惯和惰性一点点消失，进而实现应变能力的改善。

2. 教师应经常对大学生提问，刺激其思考

经常动脑思考对大学生的成长发展是有利的，大学生的好奇心和模仿力促使他们具有良好的学习能力。如果经常向他们提出一些不常见的问题，以此刺激他们思考，这无疑也是一种很好的学习方式。教师应注意下意识地通过一些提问来

锻炼大学生随机应变的思维方式，首先让其说出自己的想法，再帮助其认真分析最佳处置方法。这样大学生在遇到突发事情的时候也能保持沉着冷静，并快速思考解决问题的办法。

（二）大学生思维能力的开发策略

1. 突破思维障碍

思维障碍会阻碍大学生创造性地解决问题，对于创新是非常不利的。因此，要进行创新思维，就必须突破思维障碍。具体说，必须做到：一是对问题提出多种设计，产生多种多样的联想，以求获得多种不同的结论，筛选择优；二是思维要根据各种不同客观情况灵活变化，及时纠正自己的思维偏差；三是要特别注意克服思维过程中的直线式思维方法；四是要注意思路的拓展，当思维之路受阻时，要及时调整，有时可进行必要的反向思维。

2. 优化思维能力培养的教学策略

针对大学生思维能力培养存在的问题，应该从教学观念、教学方法以及评价机制等方面做出一定的改变，从而促进大学生思维能力的提高。

（1）转变教学观念，关注学生思维发展

面对知识爆炸的时代，终身学习的理念已经常驻于每一个人心中，作为教育工作者，教师则更应该树立积极主动的学习意识，及时更新自身的教学观念，关注学生的思维发展。

①树立师生平等观，注意学生思维发展。以学生为主体的创生课堂是目前教学中最为理想的课堂状态，且良好的师生关系也有利于学生思维的发展，教师只有在与学生的平等交流与对话中才能关注学生的思维动态。按照一般教学程序，教师在课前会结合学情、教材和教学参考书来进行备课，他们也会根据备课的内容按计划完成本节课的教学，但在实际教学中，教师不应被教学设计所束缚，而应该根据学生的课堂反应，灵活教学。

因此，教师可以通过营造良好的教学氛围来促进师生之间的交流。教师可以营造平等交流的教学氛围，以此促进师生、生生的对话交流。教师讲、学生听的教学方式极易导致教师与学生很难处于平等交流的位置上。因此，在教学过程中，教师应该把时间更多地抛给学生，学生在充分思考的基础上才能拥有自己的想法和见解，才能与老师站在同一高度交流，从而与教师平等交流。与同学平等交流，是指学生在与同学讨论的过程中，在尊重同学想法和见解的同时也能够自信地发表自己对该问题的见解，从而产生思想和观点之间的碰撞。

教师在与学生进行平等交流的过程中还要着重关注学生的思维发展状态。大学阶段是大学生思维能力发展的关键阶段。思维发展属于大学生内部的思维活动与心理活动，教师从大学生的日常行为表现中并不容易获得相关信息，而师生平等对话交流便是教师获取大学生思维发展状态的途径之一。因此，教师不仅应从书本上了解理论层面的大学生思维发展状态，同时也要关注大学生思维发展的实际动态。

②树立终身学习观，提高自身思维素质。在当今社会，终身学习的意识已经渗透在每个人的心中。教师在专业化成长的路途中也应该具有终身学习的意识，目前教师在学校中除授课之外，还会接受一些专业培训，包括参加讲座、网络培训课等，部分教师对上述培训活动的态度比较敷衍，认为这些培训活动占据了自己的时间，没有必要进行学习，这种意识是错误的。学生是处于成长变化中的，为了适应学生的学习需求，教师应该始终保持终身学习的意识。

所谓的"思维素质"便是说教师自身所拥有的思维能力和品质，而教师自身不同思维素质的差异对学生的思维发展也会有直接的影响。因此，教师应该着力提高自身的思维素养，首先教师可以针对自己思维素质薄弱方面阅读一些相关理论知识，包括思维科学、青少年思维发展和思维培育等相关的理论知识。教师既要注意理论知识的学习，同时又要在实践教学中不断提高自己，通过理论与实践两方面不断提高自身的思维素养。

在教育教学中，教师需要以积极主动的心态面对学生和教学，在与学生的平等交流中关注学生的思维发展，树立终身学习观，不断提高自身的思维理论知识。

（2）更新教学方法，培养学生思维能力

在日常教学中，由于受到学校课时及教学进度的安排、教师教学任务的繁重以及升学压力等方面的影响，除教师公开课以外，教师在日常工作中使用的教学方法多数为讲授法，在教学过程中侧重于课本知识以及解题技巧的讲解，轻视了学生思维能力的培养。因此，教师应该更新自己常规课的教学方法，选择恰当的教学方法和合适的教学活动，打造常规课的创生课堂，让学生在学习过程中产生思想的碰撞，从而促进学生思维能力的发展与提高。

①利用学科思维导图，培养学生逻辑思维。思维导图自20世纪80年代传入我国后，主要应用于商界中企业管理人员的培训，对于学生的知识记忆以及思维发散也发挥了积极作用。思维导图注重的是发散性，但学科知识的内在逻辑和结构这一特性决定了无法将其应用于学科教学中。因此，近年来，有研究团队从我

国教学实际出发，将逻辑思考、辩证思维等思维方式与"头脑风暴之父"东尼·博赞（Tony Buzan）的思维导图结合，最终形成了"学科思维导图"。

学科思维导图强调概念与概念之间的逻辑关系，在使用学科思维导图时学生需明确每条连接线两端的知识或概念有着明确的逻辑关系，而非学生依据自己的想法随意连接，这就要求绘制学科思维导图者需要具有较高的逻辑思维能力。由于常规课的课堂时间和课堂容量都是有限的，让学生在课堂中绘制思维导图不失为培养学生逻辑思维能力的有效办法。一方面考验学生对课本知识的把握程度，另一方面也能够保证训练效果。

首先，教师可以将学科思维导图运用于课堂教学中，将想法变为现实。教师要向学生讲解清楚思维导图的绘制方法和注意事项，对学生指导、点拨，帮助其绘制思维导图来理清观点之间的层次和关系，梳理作者的论证思路。

其次，教师还可以将学科思维导图绘制运用于复习课中。学生对于文章内容及知识点已经很熟悉了，教师可以让学生根据本课内容自行绘制思维导图，并展示学生成果，这样既提高了复习的效率，同时学生在绘制思维导图的过程中对知识的记忆和理解也会更加深入。

教师在教学中利用思维导图法梳理文章的逻辑思路，不仅可以提高学生的注意力，激活学生的思维，同时也给学生提供梳理文章逻辑的抓手，在培养学生逻辑思维能力的同时也教给了学生思维能力建构的方法。

②开展辩论活动，培养学生辩证思维。教师在课堂教学中单纯依靠讲授法是无法真正培养学生辩证思维能力的，因此教师可以在时间允许的情况下开展辩论活动。

在辩论活动之前，教师及学生要做好相关准备工作。首先，师生应该共同制订辩论活动的规则，包括辩论分组、评判规则以及奖励方式等一系列工作，学生内部还要明确分工，包括谁是一辩、二辩，从哪些方面收集材料等。

除此之外，还有一个较为重要的工作是辩题的选择，辩题的选择最好是师生根据所学过的课本知识，选择师生感兴趣的或者具有现实意义的辩题。在辩论的过程中，两种观点没有对错之分，教师要注意引导学生发散思维，从多个角度论证自己的观点，同时还要注意对学生的指导和点拨，注意辩论活动的有效性。

在教学中开展辩论活动，能够有效地帮助学生开拓思维，扩展视野。在面对同一问题的不同观点时做到理性思考，辩证地对待每一种观点与思想，从而不断提高学生的辩证思维能力。

③开展思辨性阅读,培养学生批判思维。思辨性阅读就是借助批判性思维的基本原理、策略与技能展开的阅读,思辨性阅读就是批判性阅读。教师首先要学会思辨性阅读,改变自身固有的思维方式等,以引导学生学会思辨性阅读,培养学生的批判思维能力。

思辨性阅读就是一个大胆质疑、小心求证的阅读过程,在阅读过程中,以文章为依托,在分析的基础上来论证自己疑问的合理性。教师通过思辨性阅读提高自身的思维品质,而在课堂中开展思辨性阅读,也可以培养学生的批判思维能力与思维品质。

(3)优化评价机制,促进学生思维能力提高

教学评价是教学中的重要组成部分,是对教师的教和学生的学进行检测与评价的过程。有效的教学评价不仅有利于教师及时调整教学策略,而且有助于调动学生参与课堂的积极性。当前,学生核心素养体系也催生评价理念的革新,它要求教师不再是单纯以学业成绩为考核标准,而是更重视学生综合能力的培养。不难看出,在核心素养的大旗之下,教学评价的指向也在悄然改变。具体来讲,可从评价标准、评价主体、评价内容、评价方式四个方面提出优化策略。

①明晰评价标准,明确思维评价取向。评价要关注学生在问题研究过程中的交流、研讨、分享、演讲等现场表现,以及活动过程中产生的文字、表格、统计图、思维导图等学习成果,要特别关注学生思考的过程和思维的方法。当下的教学评价应该明晰评价标准,立足反映学生知识建构的水平差异,从重视学习的结果转向重视知识的建构过程,从单一的逻辑思维评价观向多维度的创造性与批判性思维评价观发展。

教学中,教师应当重视对学生在学习时表现出来的思维方式、思维特征、思维习惯等特点进行即时点评,发挥课堂评价对学生思维能力发展的诊断、激励和指导的作用。摒弃诸如"回答正确"之类的乏味评价,多采用诸如"你的思考角度很新颖""你的思考过程很有逻辑性"等直指思维发展的评价,这样的评价利于鼓励学生多动脑,多做探索。长此以往,学生也会由关注知识本身转向关注自身认知领域里表现出的思维特质和思维判断。

当然,需要注意的是,思维评价旨在促进学生思维能力的提升与发展,因此,在进行教学评价时,绝不能以学生思维结果的对错来衡量思维能力水平的高低,而要用发展的眼光来看待学生。明确思维评价取向乃是衡量思维教学效果的首要前提。

②发挥多元评价主体作用，形成思维评价合力。在评价建议中强调要发挥多元评价主体的积极作用。的确，评价主体多元化有利于获取更为宽广的评价视角，可以弥补某一评价主体由于评价素养、利益牵连、主观判断、刻板印象等因素未能详尽给出评价结果的不足，丰富、多样的评价结果也可以相互印证，促进师生更好地发现教学问题。[①] 由此，可从学生自评、生生互评和家长参评三个方面进行阐述。

首先，重视学生自评，锻炼其自主反思的能力。一方面，教师要积极创设自我评价的宽松氛围，由"要我如何学"变为"我要如何学"。在自我评价的过程中，学生通过不断地反思，分析学习中的得与失，优化思维的过程，探索适合自身的学习路径。另一方面，教师可以帮助学生细化思维能力训练点的达成度，制订更适于学生的评价标准。此外，还可以引导学生写反思日记或学习感悟等，将零星分散的思考所得记录下来。值得注意的是，学生的自评并不排斥教师的评价，恰恰相反，学生的自评可以弥补教师评价当中有失公允的地方，两者可以很好地相互促进。而在思维评价的过程中，教师依然需要发挥主观能动性，并对学生自评进行合理的把关。应该说，通过积极地引导学生自评，可以锻炼他们自主反思的能力，对创新性思维能力的培养大有裨益。

其次，倡导生生互评，发挥集体教育的能力。每个人都是相对独立的个体，每位学生的生活经验自然也是不同的，他们会由于本身认知经验的差异而产生迥然不同的学习效果。因而无论是课堂上的提问还是课后的作业抑或课本知识的考评，学生在互相评价的过程中不仅能够汲取同伴身上的优点，而且可以在互相参照、对比分析的过程中提升自己辩证思维和批判性思维的能力。相对于师生之间，同伴间的交流会更加和谐顺畅，有利于增强集体归属感。需要注意的是，生生互评也要有一定的评判指标，杜绝主观随意性，唯有这样，同伴间才能敞开心扉，互相认可、真诚互助。

最后，重视家长参评，形成家校共育的合力。在教学中，可以邀请家长对学生进行评价。诚然，家长在评价中，并不具备专业性，但是家长的陪伴与鼓励会激活学生思维的独创性，他们耐心倾听与积极沟通会不断扶植和加深学生想成为发现者的愿望，这种源自心灵的充盈感对激发学生的探究精神、提升学生的思维能力具有不可忽视的积极作用。

③促进评价内容综合化。按照评价的形式进行分类，思维评价可分为书面

[①] 彭小虎，王国锋，朱丹.儿童发展与教育心理学[M].上海：华东师范大学出版社，2013.

思维评价和口头思维评价两类。书面思维评价的内容主要包括学生观点的提炼以及学习过程中的论证思路、语言等方面。口头思维评价的内容主要包括学生观点的提出、表达的逻辑性和条理性、交流讨论的积极性、对他人观点的评价与分析等方面。

在传统的教学中，教师在教学过程中大多侧重知识内容方面的评价，较少对学生的观点、表达等方面做出评价。教师在评价学生观点、表达以及语言等方面时，可以从思维的角度出发去评价学生，在教学过程中，教师一般以口头评价的方式对学生的回答给予反馈，那么教师对学生的评价语就不应该仅限于"说得真好""找得真准确"等简单的评价。教师应该从学生思维的角度出发去评价学生。

例如，教师对学生思维导图的评价可以从"是否能够反映课本知识的逻辑思路"和"是否能够从多个角度来解释所画的思维导图和阐述文本知识"两方面进行评价；当学生回答问题或评价其他同学观点时，教师可以这样评价"这位同学的观点非常鲜明，他的表达逻辑清晰并且能够辩证地看待其他同学的回答，可见其思维的严密性"，教师根据学生的回答，并结合学生思维发展的特征和思维品质来评价学生，可使学生朝着教师所评价的方向发展其思维能力与思维品质；当学生提出合理的质疑或观点时，教师可以这样评价"这位同学提出的新观点令人耳目一新，可见其思维的灵活性"。

教师自身的思维意识会影响学生，因此教师在评价学生时应对学生进行多方面的思维评价。

④丰富评价方式，助推思维全面提升。钟启泉教授曾说过："在探讨教学评价问题时，抓住下述评价的要素十分重要：谁、评价什么、为什么评价、怎样评价。"[1] 具体来讲，可从形成性评价、表现性评价和综合性评价三个方面来丰富评价方式，以此来助推学生思维能力的全面提升。

首先，倡导持续的形成性评价。相比终结性评价的高效快捷，形成性评价最可贵的地方就在于它的可持续性。在教学过程中，教师应当不断地通过课堂提问、练习反馈、对话观察等形式，持续地对学生的思维认知表现和思维能力层级进行评价。

学生思维训练的提升过程是多方面的、"不可视"的。因此，在完善自身思维经验的基础上，需要重点考察学生在学习过程中表现出来的学习态度、参

---

[1] 钟启泉.课程的逻辑[M].上海：华东师范大学出版社，2019.

与程度和核心素养的发展水平，这些评价要素应与因材施"评"和持续完善相切合。

思维能力的三个维度为感知与体味、联想与想象、辨识与推理。具体而言，就是要求学生通过感知与体味，发展直觉思维能力；通过联想与想象，发展形象思维能力；通过辨识与推理，发展逻辑思维、辩证思维和创造性思维能力[①]。由此可知，"感知与体味""联想与想象""辨识与推理"可以成为思维评价的要素。的确，在持续性进行思维能力评价的过程中，特别需要采用指向思维水平的评价工具，这样更利于教师的"教"与学生的"思"，促进学生反思学习过程，改进学习方法。

其次，置于情境的表现性评价。传统纸面测试侧重知识学习的静态考量，而对于学生在真实情境中解决问题、合作交流等具有内隐性的思维能力较难考查。因而，在教学过程中，应倡导置于情境的表现性评价。例如，在课堂上对学生学习能动性、情感认知、态度习惯、反思调整等方面进行观察，可以通过个性诵读、写作等方式来评价学生的形象感知力、联想想象力和情感感受力；可以通过问题情境测验或主题式综合实践活动来评价学生辩证逻辑思维能力、创造性思维能力。

对思维能力的评价不是静态的、机械的，而是动态的、灵活的。在教学实践中，应用发展的眼光，结合活动中的目标、内容等因素，关注学生的思维动态，及时给予正面评价，激发他们思考的内驱力，助推学生思维能力的全面提升。

最后，重视全面的综合性评价。在具体实践中，应该清楚地意识到思维能力的提升同样离不开思维品质的发展、思维意志的锻炼、自我调控以及他人支持等非智力因素的影响。因此，必须持续重视学生全面的综合性评价。

教师可以采用诸如成长档案袋的形式来记录学生一段时间内各种能力的发展情况，形成一个较为连贯的记录。随着成长档案袋内容的不断扩充与整理，学生不仅能看到自己学习成长的轨迹，而且可以了解自己在学习过程中，特别是思维能力发展方面的进步与不足，从而不断提升自己。

值得注意的是，在学习的过程中，学生的学习兴趣、意志、自我调控与反思等非智力因素也同样需要纳入评价中。当然，成长档案袋的施行往往耗费较长的时间和心力，评价标准也带有较大的主观色彩，因而，真正实施起来还是需要教师发挥自己的才智，尽量剔除不科学的影响因素，发挥其正面积极的作用。

---

① 申宣成. 义务教育课程标准（2022年版）课例式解读：初中语文[M]. 北京：教育科学出版社，2022.

思维是智力发挥和能力培养的关键,而思维能力的评价则是学生思维能力得以发展与提升的重要保障。这里主要从评价标准、评价主体、评价内容和评价方式四个维度进行了具体阐述,旨在为学生思维能力的开发与培养提供更为有益的尝试。当然,教无定法,评亦无定法。在日常的教学实践中,教师仍需要发挥主观能动性,不断总结经验,形成更为生本化、多元化的动态评价体系。

参 考 文 献

［1］熊彼特．经济发展理论［M］．郭武军，吕阳，译．北京：华夏出版社，2015．

［2］邓小平．邓小平文选：第2卷［M］．北京：人民出版社，1994．

［3］中共中央马克思恩格斯列宁斯大林著作编译局．马克思恩格斯选集：第4卷［M］．北京：人民出版社，1995．

［4］中共中央马克思恩格斯列宁斯大林著作编译局．马克思恩格斯选集：第1卷［M］．北京：人民出版社，1995．

［5］朱铁成．物理教学思维学［M］．长春：吉林教育出版社，1996．

［6］傅家骥．技术创新学［M］．北京：清华大学出版社，1998．

［7］王极盛．创新时代：未来成功者的超质菜单［M］．北京：中国世界语出版社，1999．

［8］张武升．教育创新论［M］．上海：上海教育出版社，2001．

［9］斯滕伯格．创造力手册［M］．施建农，曲小军，刘正奎，等译．北京：北京理工大学出版社，2005．

［10］钟启泉．课程的逻辑［M］．上海：华东师范大学出版社，2019．

［11］中共中央马克思恩格斯列宁斯大林著作编译局．马克思恩格斯文集：第1卷［M］．北京：人民出版社，2009．

［12］潘懋元．新编高等教育学［M］．北京：北京师范大学出版社，2009．

［13］杨春鼎．形象思维学［M］．长春：吉林人民出版社，2010．

［14］高锡荣，梁立芳，杨康．技术创新意识：作用机理、地区差异与培育政策［M］．北京：科学出版社，2012．

［15］施小明，孙涛．大学生创新能力培养体系研究与机械类实证分析［M］．武汉：华中科技大学出版社，2013．

［16］康晓玲．创新思维与创新能力［M］．北京：电子工业出版社，2015．

［17］孙汉银．创造性心理学［M］．北京：北京师范大学出版社，2016．

[18] 阿什顿. 被误读的创新：关于人类探索、发现与创造的真相[M]. 玉叶，译. 北京：中信出版社，2017.

[19] 黄慧琳. 高校大学生思想政治教育与创新能力培养探索[M]. 成都：电子科技大学出版社，2017.

[20] 秦波. 大学生创新创业导引[M]. 天津：天津科学技术出版社，2018.

[21] 彭小虎，王国锋，朱丹. 儿童发展与教育心理学[M]. 上海：华东师范大学出版社，2013.

[22] 万超，周探伟，慈继豪. 高校大学生社会实践与创新能力培育[M]. 长春：吉林人民出版社，2020.

[23] 余华东. 创新能力培养新视野[M]. 北京：中国书籍出版社，2020.

[24] 许文刚. 大学生创新创业训练与实践指导[M]. 北京：北京理工大学出版社，2020.

[25] 邓峰. 基于创新思维的大学生创新创业能力培养研究[M]. 北京：北京工业大学出版社，2021.

[26] 崔永红. "互联网+"背景下大学生创新创业实践研究[M]. 北京：线装书局，2021.

[27] 程智勇. 大学生创新创业素质培养与能力提升[M]. 成都：西南交通大学出版社，2021.

[28] 夏岩磊. 中国农业科技园区创新能力的形成与发展研究[M]. 合肥：安徽大学出版社，2021.

[29] 申宣成. 义务教育课程标准（2022年版）课例式解读：初中语文[M]. 北京：教育科学出版社，2022.

[30] 范家骧，高天虹. 罗斯托经济成长理论（上）[J]. 经济纵横，1988（9）：57-62.

[31] 彭玉冰，白国红. 谈企业技术创新与政府行为[J]. 经济问题，1999（7）：35-36.

[32] 熊远光. 基于创新视角的中小企业竞争力研究[J]. 生产力研究，2009（18）：125-127.

[33] 董春爱. 对数学教学中非逻辑思维能力培养的思考[J]. 科教文汇，2009（6）：118.

[34] 沈瑛. 多元智能理论指导下的研究生创新能力培养[J]. 教育与职业，2012（18）：167-168.

[35] 郑永廷. 论大学生自主创新精神及其培养 [J]. 思想政治教育研究, 2012, 28 (4): 1-6.

[36] 陆季红. 如何激发学生的学习兴趣 [J]. 语数外学习 (语文教育), 2013 (10): 67.

[37] 沈汪兵, 刘昌, 施春华, 等. 创造性思维的性别差异 [J]. 心理科学进展, 2015, 23 (8): 1380-1389.

[38] 王增鹏. 初中语文教学中培养学生创新意识的思考 [J]. 学周刊, 2023 (6): 154-156.

[39] 李韶卿. 高中生物教学应注重培养学生的思维品质 [J]. 教育理论与实践, 2016, 36 (5): 57-59.

[40] 王杰. 小组合作学习对中学生创新能力培养作用的研究 [D]. 武汉: 华中师范大学, 2019.

[41] 黄新华. 中学物理教学对学生提出问题能力培养的实验研究 [D]. 南昌: 江西师范大学, 2005.

[42] 杨春茹. 高中数学教学中培养学生发散思维的研究与实践 [D]. 长春: 东北师范大学, 2008.

[43] 王荣. 新疆高校大学生创新意识培养探析 [D]. 乌鲁木齐: 新疆大学, 2010.

[44] 佘萍萍. 基于生命化课堂的初中生数学发散思维能力培养的教学研究 [D]. 武汉: 华中师范大学, 2015.